El Milagro Depende de Ti...

mariela guillen

Published by MARIELA, 2023.

EL MILAGRO DEPENDE DE TI...

First edition. January 13, 2023.

Copyright © 2023 mariela guillen.

ISBN: 979-8215679630

Written by mariela guillen.

DEDICATORIA

***AL CREADOR** POR PERMITIRME ENCONTRAR SU AMOR Y SU BONDAD...*

A mis Padres, hermanos, toda mi familia por darme confianza y seguridad, toda vez que la necesité.

A todas aquellas personas que de alguna forma, volvieron la alegría de la vida, en mis momentos de angustia.

A todas aquellas personas que de alguna manera puedo causar daños y sufrimientos, vivo con la esperanza de que algún día me dé su perdón.

A quienes me apoyaron en la publicación de esta obra.

PRESENTACIÓN...

Presento al lector el libro MOMENTOS DE Mariela Guillen, ella ha pretendido de manera muy sencilla narrar los siguientes aspectos de su vida, muchas veces de manera muy ingenua y otras de manera muy atrevida.

Este libro se podría resumir con el capítulo III del libro de Eclesiastés (Cohélet), el cual afirma que todo en la vida tiene su momento.

Mariela ha pasado por experiencias negativas y positivas, pero sacando provecho de cada uno de esos MOMENTOS, lo importante no es, que toda ella sea un éxito, sino que aprendió a enfrentarse a cada situación, aunque muchas veces no sea gratificante.

Quien pase por MOMENTOS difíciles puede encontrar en estas páginas un incentivo para la lucha, "no nacemos hechos cada día desde nuestra libertad; solo lo que Dios ha puesto en cada corazón un sello, al que podemos crecer y ser más o disminuir y ser menos, ayudados o estorbados por los demás, vamos creciendo o disminuyendo, no podemos prescindir de todo".

Desearía que ésta Autobiografía de Mariela, enseñara al lector a ser más solidario con los menos favorecidos, en éste peregrinar hacia la casa del Padre.

Con Cariño,

Pbro. Ignacio López

Parroquia San Ignacio de Loyola

PROLOGO...

Ella, Mariela, llena de vida, soñando dulcemente de cosas de su porvenir como todas de su edad... Hasta que de repente el cielo azul fue bañado con fracturas negras...

Que el Dios todopoderoso le dé el perdón a quien la colocó en la oscuridad. Una oscuridad como un desierto, gritando sus monótonos desperdicios del purgatorio.

Dormida, tal vez, para despertar de una pesadilla, o ver el sol y cantar sus alabanzas en el cielo azul, joven llena de vida, soñando dulcemente, aún mucho más que todas las de su edad.

Los MOMENTOS vividos con Mariela, me convencieron de que si no fuera por su perseverancia y la FE en nuestro Señor y su Santa madre María, no hubiera logrado tanto como para seguir cantando Aleluyas con el sol, en el cielo azul, en todos y cada uno de esos momentos vividos por Mariela.

Prof. Magda

::::::::::::

"...MIRA EL LADO BUENO DE LAS COSAS..."

No te quejes por las condiciones en las que vives, bendice y da Gracias a Dios porque vives...

::::::::::::

PENSAMIENTO

En mis momentos de soledad y angustia, pensé en ti mi Señor y descubrí éstas dos tendencias en su escritura: en una mi propia alma triste, llena de dolor y sufrimiento, mientras que en la otra vi a una princesa en medio de su jardín, llena de esperanzas y alegrías; pero mi elección no fue difícil, porque la primera me dio experiencias, mientras que la segunda llenó de gozo mi Alma...

Mariela Guillen

I PARTE MOMENTOS... HISTORIA DE VIDA

UNA VIDA DE 25 AÑOS...

La breve reseña que a continuación relato, la he hecho con el firme propósito de generalizar mis conocimientos, acerca de mi origen y de todos los aspectos de mayor relevancia, que a lo largo de mis 25 años fueron MOMENTOS gratos, que hoy son parte de mi historia, comienzo por recordar mi infancia, llena de tanta ingenuidad, sin malicia, tranquila, pero muy curiosa, la hija menor de un grupo de 6 hermanos, 4 hembras y 2 varones, siempre llena de inquietudes, sueños y fantasías, muy propias de mi edad como cualquier otra infante que descubre el mundo a su paso, temerosa y egoísta, tal vez, un poco con mis sentimientos, ya que siempre, mis juegos fueron muy particulares, no los compartía con nadie, traviesa e inquieta, jugaba solo con ciertas amistades, tampoco jugaba con muñecas, nunca les presté atención por muy lindas y tiernas que fueran, más bien, todo lo contrario, no me gustaban para nada y les tenía miedo a sus miradas.

Posteriormente enfrento una adolescencia, llena de inquietudes e interrogantes siempre me consideré una jovencita muy alegre, coqueta y muy jovial, patinadora por excelencia, montaba en bicicleta, ésta la alquilaba, para dar una vuelta la manzana del barrio, tambén alquilada por unas determinadas horas... nunca tuve una bicicleta propia. Refiero que a muy temprana edad me envuelvo entre estudios y trabajo.

El trabajo no era determinante ni obligatorio, pero si lo respetaba, aparte de ser compartido con mi padre era una labor muy linda, vendiendo frutas y hortalizas en el mercado, todo con el firme propósito de obtener mayores ingresos, que solventarán mis estudios y el presupuesto familiar, ya que provenía de una familia muy humilde, con una fuerte devoción católica al servicio de los más desposeídos, siempre, nos consideramos todos como honrados trabajadores y entre todos aumentábamos además del presupuesto la alimentación del grupo familiar. Solía ser una chica bien simpática, saludable, trabajadora y muy estudiosa, todos mis sueños y aspiraciones eran convertirme en una profesional, por ello dedicaba la mayor parte de mi tiempo libre a las materias del tercer año de Educación Básica, con el único objetivo de tener buenas calificaciones para ingresar a la preparación media en la Escuela Normal Alejandro Fuenmayor del Municipio Maracaibo, Estado Zulia Venezuela.

Todos mis años de estudios los compartía con grandes satisfacciones, porque siempre era la madrina de los juegos, la reina del salón o la novia del liceo, entre otras. A menudo era la candidata más destacada para cualquier actividad, inclusive, no solo en el liceo, también lo fui en mi barrio. Finalmente para el año 1982 obtuve mi primer título como Bachiller Asistencial en Trabajo Social, el cual considero fue mi primer gran paso al ingreso de área profesional y laboral.

Ciertamente, mis inicios laborales se consolidaron en una Gran Institución Benéfica, como lo es la Lotería de Zulia, allí me desempeñe como Trabajadora Social, por un periodo de 6 años, también fui la reina y representante de la Institución para la Ferias de la Chinita, año 1984, periodo del cual guardo lindos y gratos recuerdos... Allí aprendí a distinguir el llanto y la risa, los triunfos y los fracasos, el poder y la humildad, también compartí sentimientos y amistades, grandes satisfacciones y proyectos, me enamoré profundamente, experimenté lo más puro y sincero, como mujer entregué todo mi amor y confianza, sin malicia, siempre llena de ilusiones y fantasías, como todo enamorado que a ratos ríe y a ratos llora, pero lo más importante era la felicidad que sentía y compartía sinceramente.

Joven, activa, trabajadora que al mismo tiempo cursaba estudios en la Escuela de Comunicación Social en nuestra Ilustre Universidad del Zulia.

Siempre llena de proyectos de superación, con mi sonrisa en los labios para cada situación, muy jovial y de muy buen gusto al vestir, siempre acorde con la moda, siempre luciendo trajes hermosos y distinguidos, sonando fuertemente los tacones de los zapatos a mi paso, siempre de prisa en contra del tiempo, pero con las mismas inquietudes y chistes, lágrimas y ocurrencias, muy típicas de cualquier estudiante.

En medio de tantas inquietudes y trabajos, poco a poco, avanzaba mis estudios universitarios, ya casi llegaba al final de la carrera en la Escuela de Comunicación Social, de nuestra Ilustre Universidad del Zulia en Venezuela, en la plenitud de querer vivir mi vida, solo contaba con 25 años de edad y una cartera llena de deseos y superaciones cuando el tiempo se detuvo y me sorprendió con una prueba, que pareciera estar muy lejos de mi vitalidad y juventud palpitante, de sueños sin terminar... se apagaron todas las luces y llega el final de 25 años vividos, para dar comienzo a otra forma de vivir la vida en medio de dichas y quebrantos.

1- ALGO INESPERADO...

Un buen día del mes de mayo, del año 1988, como cualquier otra mañana, desperté con mucho entusiasmo, para dar inicio a mi jornada de trabajos y estudios, tomé una ducha bien relajante, me preparaba para comenzar mis actividades, se trataba de un día viernes, que por lo general solían ser muy agotadores, solo por ser el último día de la semana, que finalmente involucraba trabajos y estudios.

La mañana fue muy calurosa, pero a pesar de la temperatura, logré realizar todas mis actividades pendientes, mientras que para la hora del almuerzo y reposo, lo compartí con dos amigas, mi compañera de estudios y mi amiga de siempre, Nivia, ambas decidimos la selección del restaurant para almorzar, conversar y compartir un poco. Ese día se trataba de un menú especial y allí, instaladas entre lágrimas y risas se agotó el tiempo, finalmente mi compañera de estudios y yo acordamos que al salir de clases, iríamos a ver a mi secretaria que se encontraba recluida en la clínica falcón de Maracaibo.

Al final de mi jornada de trabajo, continué con mis clases en la Universidad. Recuerdo que iniciaba el 8vo semestre de Comunicación Social y por lo general, las clases eran muy cortas, por lo que nos destinamos para ir a la clínica a ver la compañera de trabajo... Todo era risa, chistes y alegrías, a mitad de camino hicimos una pausa en un estación de servicio para llenar de combustible el carro, justo en ese momento encontramos otra compañera que también iba a ver a la secretaria en la clínica, listo, formamos el trio para continuar juntas el camino, pero, justamente una cuadra antes de la clínica, paradas a la espera del cambio de luces del semáforo, escuchamos una canción, que para ese tiempo, sonaba mucho, era agradable escucharla y todas al mismo tiempo, entonamos a viva voz la letra de la canción, recuerdo que encendí un cigarrillo y seguidamente una pausa....

Mes y medio en estado de coma, inconsciente y en la misma clínica fue el final de aquel entusiasmado y trajinado día...

Sin recordar absolutamente nada de lo sucedido, ni siquiera el impacto de choque, nada no recuerdo nada, no sé qué pasó... cuentan mis hermanos, que esa noche fue de incertidumbre, angustiante y dolorosa, todos confundidos, ante la espera de una noticia fatal, pero con la esperanza de llegar a 24 horas, <<no entra en mi mente lo dolorosa y sufrida que fue esa noche>>. Equipos médicos especiales, exámenes de rutina, exámenes especiales de neurología para adelantar un diagnóstico, rayos x, resonancias, tomografías, médicos especialistas, inclusive hasta médicos forenses, en fin, se agotaron tantos recursos esa noche, todos con el mismo objetivo, salvar la vida de MARIELA... mis compañeras también sufrieron daños, pero siempre conscientes de lo sucedido, comparado con mi gravedad, sus lesiones fueron leves, en menor grado, mientras que yo presentaba severas lesiones de orden cerebral, un traumatismo generalizado, pérdida del *conocimiento, entre otros, todo según versiones de mis hermanos.*

Esa noche, las esperanzas de vida eran muy mínimas, las mismas estaban puestas en manos de Dios, de los aparatos médicos y del equipo de galenos especialistas, una noche de llamadas de emergencias, confundidos todos, médicos, amigos, familiares, la noticia abordaba el terror y la fatalidad entre todos, primero fueron 24 horas, luego 48 horas, 72 horas de horror y esperanzas, una semana y la lucha por mi salud continuaba, así poco a poco, se fue disipando la duda ante la fatalidad, mientras albergaba el deseo y las oraciones por mi recuperación.

A lo largo de un mes, en coma profundo, más 15 días en coma inducido, inconsciente de todo a mí alrededor, en mi hogar, con mi familia, se suscitaron tantos acontecimientos, versiones de todos, que en casa todo era una tragedia. Mis padres aturdidos con la noticia y enfrentados a un terrible drama, mi familia en pleno, desorientados por completo sin saber cómo enfrentar esta realidad, una de mis hermanas que se encontraba en estado de gestación, con el impacto de la noticia, presentó una hemorragia, con amenaza y pérdida del bebe, motivo por el cual la ingresaron de emergencia en la misma clínica, mi hermana mayor también desencadenó serios trastornos de salud, igualmente fue ingresada en otro centro hospitalario por varios días.

Total la desgracia se detuvo unos cuantos días en el medio familiar, para ese entonces.

Luego de transcurrido un mes y medio aproximadamente, yo totalmente ajena a lo sucedido, hubo un MOMENTO que escuchaba mucho ruido y mucha gente hablando, finalmente noté que se trataba de un radio prendido que estaba colocado en la cabecera de la cama, según mis hermanas se trataba de una estrategia del médico para que yo despertara.... Realmente fue muy buen acierto, porque lograron despertarme de ese largo sueño y así estuve durante horas, despertaba y dormía.

Finalmente desperté y estaba en una habitación y aún, sin entender nada, rodeada de aparatos, médicos, enfermeras, familiares y así muy distante, apenas alcanzaba ver a una de mis hermanas, quien se acercó a mí con lágrimas en los ojos y con una expresión muy triste y sollozante, con voz cálida y quebrada, me decía —tranquila, tranquila, sufriste un accidente.

En esos MOMENTOS, aquellas palabras dieron respuestas a tantas interrogantes dentro de mí, desconocía todo, hacía mucho frio, quería hablar y no podía, no salían palabras de mi boca, tampoco sentía moverme, solo eran paredes blancas, tan blancas como mi mente en blanco, sin recordar nada, todo era un bloqueo total, muy a pesar de mis esfuerzos, nunca recordé nada que me significara el motivo por el cual estaban sucediendo tantas cosas, totalmente desconocidas que no eran el común de mi diario trajinar.

Las palabras de mi hermana eran frases incompletas que todavía no disipaban mis dudas, no se sí eran sus lágrimas o las mías las que brotaban con gran intensidad, pero en silencio suplicaba me explicara todo... cual era el motivo de estar allí en ese lugar, sin poder moverme, sin pronunciar palabras, rodeada de tantos aparatos y enfermeras, tantos médicos, por qué tantas mangueras sujetas a mi cuerpo, soluciones, sangre todas conectadas a mis venas, muchos dolores en mi cuerpo, tan insoportables como ese MOMENTO mismo.

El ambiente se tornaba cada vez más cálido y tenso, ambas enfrentaos el mismo dolor, yo en silencio frente a esa gravedad y ella con su voz quebrantada, me explicaba detenidamente el porqué de aquella tragedia que vivíamos. Mientras observaba todo lo que había a mi alrededor, llegaba una enfermera con una bandeja en sus manos, repleta de jeringas y frascos de pastillas, muy delicadamente se inclinó, para colocarla sobre la mesita y seguidamente tomó en sus manos una inyectadora para suministrar el medicamento que muy lentamente logro doparme por completo.

2.- MI REALIDAD...

En la habitación, postrada en una cama, inmóvil, sin poder pronunciar palabra, rodeada toda de aparatos y equipos médicos, con dolores interminables e indefinidos, me sentía muy estropeada, el malestar muscular, insoportable, debido al alto grado de las lesiones, apenas abría los ojos, ya que sentía los parpados tan pesados, como si tuviera encima de cada uno dos ladrillos.

Ya consciente y enterada de toda mi tragedia, pero con mi mente, totalmente bloqueada y en blanco, sin noción del tiempo, no distinguía si era de día o era de noche. Médicos y enfermeras siempre a mi lado, pendientes de las transfusiones, soluciones, todo un aparataje y equipos médicos, bombonas de oxígeno, en fin....

A mi alrededor siempre mi familia, mis padres, hermanos y amigos, todo un espectáculo, la propia película de terror en la que yo era la figura principal y a la vez la atención como a un bebe recién nacido. Todo tan delicado y con mucho cuidado, de cambiar pañales y demás, ya que sin control alguno me orinaba y evacuaba y no sentía ninguna molestia, mis hermanas y mi cuñada Nellys, eran las que estaban al pendiente de todos esos detalles, inclusive hasta de los días de período menstrual, mi alimentación era toda líquida, suministrada, con mucho cuidado y muy lentamente a través de una sonda nasogástrica, todo estéril con mucho cuidado, tal cual atención a un recién nacido.

Así transcurrieron muchos días de confusión, desvariando a cada momento, sin entender nada, todo era incoherencia total,——todo sin sentido—-un mundo tan extraño para mí, que no tenía salida, muy difícil para entender todo esa tragedia. Dormía y dormía mucho y al despertar, siempre a mi lado, mi hermana, mi cuñada o mi amiga Nivia, todo era una confusión, el suero insoportable, los dolores musculares más aumentados, tormentosos e insoportables, el oxígeno horrible no soportaba el dolor de la boca y encías y si me lo retiraban era peor porque me ahogaba y sin respirar ni un poquito, toda aquella incomodidad, e intolerancia que ya sentía desvanecer, no resistía, no dejaba descansar a nadie, menos descansar yo. Todo eran Angustiante y tormentoso, que recuerdo un MOMENTO de rabia y angustia de mi hermana que soltó su molestia y salió de la habitación un rato, mientras yo desesperada, sola sin pronunciar palabra para pedir auxilio hasta que por fin llegó la enfermera y me suministró un sedante, supongo, así fue que pude conciliar el sueño, así, fueron tantas noches y días sin distinguir, uno de otro y desvariando cada MOMENTO aún sin comprender que era yo el personaje principal de todo aquel horror.

Inolvidable y sufrida, pero también recuerdo como anécdota, una noche, supuestamente de madrugada, a mi cuidado se encontraba una amiga que por primera vez se quedaba para hacerme compañía, lo cierto es que al despertar la veía a mi lado, pero con un terrible dolor en el brazo, que me ardía, me quemaba, sentía que explotaba, no podía distinguir aquel síntoma, lo peor del caso era, como le decía a ella que el suero se estaba infiltrando, ya que no podía pronunciar palabra alguna, ni mover un dedo, sólo miraba fijamente la solución y ni siquiera eso lo entendía, porque mi mirada era toda pérdida, ya que no fijaba un punto específico. Mi pobre amiga desesperada de un lado a otro, tratando de adivinar lo que sucedía, nunca se le ocurrió, mirar la solución, claro no la culpo, "no sabía que hacer la pobre" hasta que por fin, la enfermera, Dioosss.... Ella solo miró todo a mí alrededor, todos los aparatos, hasta que revisó cuidadosamente la circulación del suero.... GRACIAS A DIOS ERA ESO... y con mucho cuidado, movió mi mano y retiró la aguja, con una crema y muy delicadamente frotó mi mano, hasta aliviar un poco ese dolor, pero igualmente volvió a penetrar la vena y un poco más aliviada me fui tranquilizando, hasta lograr el sueño, pero con otra molestia, tormentosa y angustiante me despertaron para la limpieza de un Aparato.... El TRAQUEOTOMO, Diosss.... Terrible esos momentos, sentía que me asfixiaba porque me quedaba sin respirar por segundos, inclusive hasta llegué a perder el conocimiento, pero era algo imprescindible limpiar el TRAQUEOTOMO, a cada rato para evitar la acumulación de flema con sangre, estas fluían con tanta rapidez que se disparaban el chorro en varias oportunidades pegaba al techo y/o a las paredes de la habitación. Son tantas las experiencias y MOMENTOS de dolor y sufrimiento, en aquel entonces, aún recluida en la clínica.

Otra molestia tormentosa, terrible era en el paladar y los dientes, no sé si era dolor, frio, dentera, calambres, no lo definía, lo cierto es que era terrible esa molestia, otra vez, como explicaba yo esa molestia, sino podía ni pronunciar palabras, ni un movimiento. Mi cuñada me repetía tantas posibles molestias, hasta que por fin, dijo las palabras claves, "paladar", "dientes", era un desespero el poder descifrar todo aquello, solo teníamos una señal, negar era abrir los ojos y afirmar era cerrarlos.

Entre una y otra pena, también era aterrador el cambio de posición, era fatigante, me mareaba, sentía nauseas, miedo a caerme, veía todo nublado, inclusive, sudaba mucho, tal cual ataque de pánico, pero era muy necesario el cambio, para evitar la presencia de las "ESCARAS", que son pequeñas heridas o quemaduras en la piel, que finalmente se convierten en células muertas, formando así una llaga profunda que se van expandiendo y son muy delicadas para su curación.

Así como estos MOMENTOS de angustia, eran tantos los detalles que formaban parte de esa tragedia y todavía recluida en la clínica, pasaron días, semanas y meses, soluciones y más soluciones, visitas de todo tipo, amigos, compañeros de trabajo, compañeros de estudio, todo aquel medio en el que yo me desenvolvía, todo en pleno, mi pareja, GERARDO, eran MOMENTOS muy tristes y aunque muy cortos, tan significativos como implacables, ya que lo tenía tan cerca de mí, pero tan distante, al mismo tiempo, porque solo era mirarlo, sin hablar, sin caricias, todo tan frío y yo tan llena de ilusiones y fantasías en ese MOMENTO. Continuaba desvariando y muy confundida, tener tanta gente y muchas flores me hacían mucho daño, me confundían más, escuchaba que le hacían tantas preguntas a mi hermana, al médico, a la enfermera y así continuaban mis días, todos con una versión diferente, mientras que yo inocente y sin saber que tan mal estado era ese.

Las lesiones eran muy severas y el diagnóstico clínico muy complicado, todo aquello era con un sumo cuidado, el médico me visitaba a cada rato, un buen día, observaba que me fatigaba mucho estar con tanta gente a mi alrededor y ordenó, suspender toda clase de visita y muy enojado le repetía una y otra vez a mi hermana ..."ESTO NO ES UN ESPECTÁCULO"... y de nuevo la calma volvió, descansaba horas y horas, como si entrara en un sueño tan profundo, pero muy incierto, porque era MI REALIDAD, mi mente se desplazaba de un lugar a otro, haciendo recorridos inmensos a mis recuerdos, jugaba con mis sobrinos, estudiaba para un examen, me sentía en medio de mi trabajo atendiendo mis casos, en mi hogar en compañía de papá y mamá, entre tantas actividades, todas estaban grabadas en mi mente, pero mi REALIDAD era esa... Allí postrada en una cama inmóvil, confundida, pero con la certeza de que era yo quien vivía todo esa tragedia.

Los días eran tormentosos, la gente no dejaba de visitar la clínica, aunque no me veían, por allí pasaron personas de todo sentimiento e intenciones, amigos interesados y con plegarias, contentos de ver mi mejoría, mientras que otros, corrían impresionados, despavoridos al verme en aquellas condiciones tan especiales, unos lloraban de alegría, otros de tristeza, porque no decir, que otros con gran malicia reconocían mi recuperación.

::::::::::::::::::

EL AMOR AYUDA SIN ESPERAR RECOMPENSA....

::::::::::::::::::

3.- EL REGRESO A CASA...

Semanas y semanas de intranquilidad, angustia y sufrimiento fueron sumándose al tiempo, mi silencio y mi dolor eran los grandes aliados a tan lamentable tragedia, pero siempre con la esperanza de volver a casa, los sedantes fueron disminuyendo al igual que algunos aparatos quirúrgicos, las soluciones y transfusiones de sangre no eran tan elementales, eventualmente me colocaban el oxígeno, la angustiante y tormentosa limpieza del traqueotomo no era tan seguida, así poco a poco fui superando la etapa de gravedad, el equipo médico que me asistía y todas las enfermeras en pleno, desfilaban, uno detrás del otro por la habitación para confirmar mi estado de recuperación, asombrados y entusiasmados comentaban como superaba aquel gran impacto Neurológico que sufrí y como lo enfrentábamos todos, equipo médico, enfermeras, familiares, amigos y por supuesto yo... digo enfrentamos, porque todos formamos parte de la novedad, ellos con sus conocimientos y paciencia y yo con mis ganas de vivir, fue necesario estar recluida por un mes en la Unidad de cuidados Intensivos de la clínica y luego otros 45 días más en la habitación, para ganarme la simpatía y el cariño de todos los empleados y obreros del centro clínico, todos unidos y con gran emoción elevaban plegarias al cielo por tan progresiva recuperación.

Al poco tiempo los galenos emitieron una serie de instrucciones a quienes estaba al cuidado de mi condición, especialmente a mis hermanas, quienes eran las encargadas de asistirme a partir de ese entonces, aquí en este orden de ideas, debo acotar, que mis hermanas tienen conocimientos de primeros auxilios, ya que son enfermeras auxiliares, muy experimentadas al caso ya que trabajaron en centros hospitalarios bien reconocidos en la ciudad.

En vista de que los médicos reconocieron estas cualidades de mis hermanas y sus cuidados para asistirme, decidieron entregarme de ALTA y de vuelta a casa, bajo instrucciones precisas de los galenos, inmóvil y sin hablar, con muchas dolencias y el bendito TRAQUEOTOMO, dependiendo todavía de ciertos aparatos médicos y con gran responsabilidad, mis hermanas asumió el compromiso.

La noticia no se hizo esperar y velozmente, recorría los pasillos, yo me atreverá a afirmar que por toda la clínica,..."MARIELA ESTÁ DE ALTA Y VUELVE A CASA"... decían todos, mientras yo confundida todavía, en silencio, con alegrías y tristezas, me preguntaba... Como estará el mundo allá afuera?? Quienes me esperan y como me esperan?? Que pasará conmigo, eran tantas las interrogantes, que sentía mi propio sollozar...

Mis hermanas pendientes de todos los detalles como siempre, buscaban uno y otro papel, guardaban cuidadosamente todos los materiales a utilizar, además de recoger todas mis pertenencias y las de ellas, porque estaban instaladas allí en la habitación, prácticamente mudadas de sus casas.

Listas, arreglando todo, pero llenas de impaciencia, esperaban la salida, mientras tanto, en la habitación y por el pasillo cruzaban médicos, enfermeras, pacientes, obreros camilleros, radiólogos, entre otros, en fin fueron tantas las personas que me asistieron, que de una y otra manera estaban allí presentes para despedirme y compartir conmigo la alegría de volver a casa, no importa en qué condiciones, pero volvía viva y eso era lo más importante.

Entre tantas personas a mi paso, entraban los camilleros para el traslado hasta la ambulancia que me esperaba para llevarme de regreso a casa... Consciente de todo lo que sucedía a mi alrededor, ya embarcada, sentía las vibraciones del motor, a mi lado mi cuñada Nellys y mi hermana Ana Felicita, pendiente de todo y se repetían una y otra vez ..."tranquila te vamos a cuidar mucho...", "...todo va a estar bien... ". Estás palabras me sonaban tan entusiasmadas, tan llenas de amor y calor de hogar que solo con una sonrisa y un mínimo movimiento de mi mano derecha pude responder a sus caricias, mientras sentía el cruce de las calles y avenidas hasta que por fin se detuvo y mi cuñada, casi gritando decía, ya llegamos, mis ojos llenos de lágrimas y mi corazón estallaba de alegría, mientras me sacaban de la ambulancia daba Gracias Infinitas a Dios, por permitirme volver a casa con mi gente, con mis padres y mis hermanos, nunca los había extrañado tanto, como esos días.

Sentía el resplandor del sol y me molestaba mucho, por lo que estaba con mis ojos cerrados hasta entrar a la sala de mi casa, allí esperaban mi llegada mucha gente, entre tantas personas a quien pude ubicar primero fue a mi madre.... con su rostro sufrido y alegre al mismo tiempo, ella acariciaba mi rostro, por otro lado escuchaba el llanto impresionado y desesperado de una de mis sobrinas que se resistía a mirar mi rostro, seguidamente me llevaron a la habitación, todo era diferente, una cama clínica, una bombona de oxígeno, la mesa para colocar material e insumos necesarios para lavar el TRAQUEOTOMO, otra cama pequeña para un acompañante, en fin todo cambió en mi propia habitación, Mucha gente a mi alrededor, unos entusiasmados otros impresionados no volvían a mirarme y muy disimuladamente escapaban... los comentarios eran incontrolables, una de cada tres palabras que escuchaba era de desconsuelo para mí... Fatigada, tal vez por tantas emociones y/o por el cambio de ambiente recaí un poco, una de mis hermanas se dio cuenta e hizo salir a todos de la habitación, para cambiarme y suministrar los medicamentos, luego dejar que descansara un rato.

4.- DESPERTAR EN MI HABITACIÓN...

Finalmente, mi habitación, pero era casi como estar en la habitación de la clínica, por fin en casa, en mi cuarto, ese era mi grito silencioso, todo era diferente, faltaba mi peinadora, mi guarda ropas, nada, ni un solo porta-retrato, ni mis libros, ni mis cajas de zapatos, nada Diossss, poco a poco notaba que faltaban todas mis cosas y yo sin pronunciar palabras para preguntar por ellas, la gente continuaba llegando, me traían flores, regalos, estampas con oraciones, en fin, la visita que siempre llegaba muy temprano a la clínica, igual continuaba llegando a mi casa, Sonia y Marianela, las encargadas de mi asistencia por parte de la Institución a la cual yo trabajaba, lotería del Zulia, ellas como siempre a mi lado, pendiente de los detalles, de que no me faltara nada, que bendición tenerlas a mi lado, así pasaron días, mi casa llena de personas, unos salían y otros entraban, yo conscientemente, notaba sus impresiones y me preguntaba, será que tengo el rostro desfigurado? , Dios mío... por que se impresionan tanto?, otros me miraban y el comentario era el mismo, "... ella escucha, ella entiende, está consciente, sabe quién soy yo, por qué no habla???? Diosss... todo esto me encolerizaba, parece que iban a ver el espectáculo y no a la enferma... lo peor de todo era, que se confundían más de lo que ya estaba, en repetidas oportunidades, no estaba de ánimo y como estrategia, me hacía la dormida y/o con el pequeño movimiento de mi mano, daba una señal a mi acompañante de turno, hasta que entendiera que no quería ver a nadie. Porque no descansaba, era demasiada gente, familiares, amigos de estudios, de trabajo, vecinos, en fin todas las personas que se involucraban a mi diario vivir, se hacían presentes, una y otra vez para estar al tanto de mi salud, esto me alegraba mucho pero me fatigaba con frecuencia, los días pasaban, las semanas eran eternas, me trasladaban hasta tres y cuatro veces por semana para que me examinaran los médicos especialistas que tratarían mi caso en particular, La silla de ruedas era divertida pero al estar mucho tiempo sentada era fatigante, igual el collarín era muy grande e incómodo, pero si no me lo colocaba, sentía que se me desprendía la cabeza, no tenía fuerzas para dominarla y solo con el famoso collarín era que la controlaba y en posición firme, cada vez que me trasladaban de un lado a otro me preparaban un bolso, tal cual pañalera, con alimentos, pañales desechables pañitos, baberos, entre otras cosas.... Recuerdo que en uno de esos tantos movimientos para abordar el carro que me transportaba a la clínica, surgió un pequeño incidente y se soltó el "tapa sol," este sujetaba un pequeño espejo y muy cuidadosamente observe mi cara, en efecto pude descubrir cuál era el motivo de horror y/o impresión para las personas cuando veían mi rostro. Impresionante, de verdad porque mi mirada no se sostenía en un punto fijo, era una mirada pérdida, desorbitada totalmente, además sufrí una pequeña parálisis facial, por lo tanto tenía media cara contraída, esto fue terrible ese MOMENTO, impresión, miedo, pena, angustia, confundida entre el dolor y el sufrimiento de ver mi rostro, así fue que pude entender como las personas salían despavoridas al ver mi rostro, si despavoridas, porque no era normal ver que hasta me babeaba, impresión también porque mis ojos siempre fueron tan luminosos y expresivos, con miradas sanas que reflejaban mi estado de ánimo, mi piel fresca e hidratada ya no era la misma lozanía, estaba *hinchada totalmente y agrietada.... MOMENTOS terribles porque no entendía y nadie me hablaba claro, ni me explicaban ésta secuela, un miedo terrible, de no volver a tener esa mirada fresca, picara tal vez y muy expresiva y angustia de pensar que perdí mi gracia y expresiones de mi cara , angustia de no volver a tener ese rostro tanto disfruté a plenitud y que sin años, ni sol, ni nada que lo marchitara, solo un accidente de tránsito lo marcó y desfiguró, finalmente ver mi rostro tan desfigurado me desmejoró anímicamente y así fui cayendo en una fuerte depresión al comprender que cada detalle parecía que estaba fuera de lo normal, específicamente, verme al espejo era aterrador para mí... ¡ Que triste realidad! una pena más a mi tragedia a esa angustia de no volver a ser la misma... GRACIAS A DIOS Y A MIS TERAPIAS que nos enseñó y digo, nos enseñó, porque fue terapia para todos, a mi cuñada, a mis hermanos, mis amigos, en fin, todos los que se ocuparon de mi cuidado, de las infusiones de manzanilla helada y demás, sobre mi cara, los algodones relajantes sobre los parpados de mis ojos para relajar la mirada y un sinfín de ejercicios prácticos para corregir estos defectos.*

Poco a poco, con mucha cautela, disciplina y constancia he solventado esta secuela, hasta lograr la máxima corrección de todos estos defectos tan impresionantes en mi rostro, a excepción de pequeñas cicatrices y de operaciones posteriores.

5.- OTRA... MI REALIDAD ERA OTRA...

El control médico era cuidadosamente calificado, cada uno tenía su propio equipo de trabajo y entre FONIATRAS, FISIATRAS, TRAUMATOLOGOS, NEUROLOGOS y/o cualquier otro especialista necesario para tratar mi caso, transcurrían mis días, yo fatigada y cansada, por los traslados de un lugar a otro, poco a poco fui involucrándome en ese mundo de "Batas Blancas".

Un mundo insospechado, al que siempre consideré distante y al que jamás imaginé ingresar, ese mundo de "batas blancas" a mí como paciente me resultaba muy triste, con una atmosfera de lástima y sufrimiento, que cada día me agobiaba más y más. Los médicos y terapeutas, hacían sus esfuerzos para aliviar mi pena, con frases de consuelo, de ánimo, de lucha, finalmente estas frases para mí, resultaban más curativas que cualquier tratamiento... El desafío era a la vida y en mí habian muchas expectativas para enfrentarme a esa nueva realidad...... me atormentaba la idea de vivir en una cama o en una silla de ruedas, dependiendo de todo y en todo a mi alrededor, sin continuar mi trabajo, mis estudios, todas esas metas que me había trazado en la vida, hasta formar un hogar y tener hijos, compartir con una pareja, con unos hijos, con mi familia. Todas esas ilusiones se derrumbaron.... MI REALIDAD ERA OTRA...

En ese MOMENTO comenzaba una nueva vida, totalmente distinta, solo pensaba en dos salidas a ésta tragedia, continuar la lucha o rendirme y entregarme. Mucho tiempo estuve rendida, sin ánimo, hacía mis terapias de lenguaje y físicas desmotivada totalmente, pero tenía ganas de vivir, nunca me negaba, todo era un sin sentido, pero responsablemente asistía a mis consultas y terapias, pasé algún tiempo en ese trance, sin saber por qué, ni para qué lo hacía, tal vez estimulada por mi familia o por otras personas, quizás en mi interior, allí muy dentro de mí si estaba dormido, el querer volver a la vida, pero cuando? Esa era mi inquietud.

Aturdida un poco por la duda a recuperarme, fui atendiendo poco a poco y responsablemente a toda esa ayuda que me brindaban todas las personas a mi alrededor, los días de terapia física eran muy fuertes y agotadores, pero inolvidables, tanto para mí como para mi hermana y mi cuñada, nos tocó enfrentarnos a un mundo desconocido, el gimnasio de terapia física, lleno de aparatos especiales para minusválidos, sillas de ruedas, muletas, bastones, camillas, colchonetas, camas giratorias, bicicletas estables, tinas llenas de agua, bolsas llenas de arena, en fin aparatos nunca vistos por nosotras, poco a poco y con el paso de los días, comprendí que aquellos aparatos, representaban un nuevo mundo para mí y al que ya formaba parte involuntariamente. Así fui familiarizándome con cada uno de esos benditos aparatos, pienso que eran benditos, porque eran una realidad divina que Dios permitió para que yo diera tiempo a comprender esta nueva realidad... ¡Ay que etapa más dura, dependía de médicos y terapistas, de pastillas, de inyecciones, de aparatos ortopédicos, de la silla de ruedas, de todo aquel gimnasio en pleno, mi hermana y mi cuñada, siempre adelantadas a un posible movimiento más en mí, se arriesgaban con todas sus fuerzas para ayudarme con todos los ejercicios y yo siempre dispuesta y sin negarme.

Inolvidable fue el día que me provocaba sentir el gusto de los alimentos y con más espesor que un simple consomé y un buen día mi hermana se atrevió a retirarme la sonda nasogástrica y con mucha calma comenzaron a suministrarme alimentación blanda y así, con papillas y alimentos triturados, pasaron nueve meses hasta que me retiraron el TRAQUEOTOMO, que bien, esto *permitía con mayor facilidad la deglución de los alimentos, así pasé con mucha dificultad pero certeramente de alimentos blandos a los alimentos sólidos. En aquel entonces con mucha alegría fui superando estas dificultades, mientras entendía que era yo la que enfrentaba esa situación, pero muy consciente de que para aliviar mis tensiones, tenía que manifestarlas de alguna manera y/o llamar la atención y cuanto más me expresaba, más situaciones de euforia y mal humor e impotencia experimentaba, todo era sugestionado, fatiga, miedos, mareos, náuseas, espasmos musculares, así de cualquier manera manifestaba mal estar, con el fin de que me suministraran un sedante y apartarme de esa REALIDAD que estaba viviendo. Pasaron algunos días y con estas manifestaciones de ansiedad, ya manipulaba a la gente, yo en medio de esa desesperación, pensaba que manifestando éstas tensiones podía mantener a mi lado a mucha gente, incluso a mi pareja, en fin a todos los miembros de mi familia pero fue todo lo contrario, se fueron alejando poco a poco de mi lado, entonces la tragedia fue peor, porque mezclaba mis lesiones somáticas con depresión y angustia, lo que conllevaba a un comportamiento inadecuado que acababa con todos mis pensamientos y voluntad para seguir luchando.*

6.- UNA MALETA LLENA DE ILUSIONES...

Esa confusión, duda o angustia, como quiera llamarla, se paseaba por mi mente y muy a menudo tomaba posesión de mis pensamientos, bloqueando toda entrada de solución posible y así al cabo de 15 meses de lucha y con algunos sonidos para pronunciar palabras y sin depender de aparatos, pero muy entusiasmada en buscar tratamientos médicos que acabara con esa situación de incapacidad. Toda la familia y yo albergamos nuestras ilusiones en un médico que vino de la capital y en un corto diálogo, nos convenció a todos para que me trasladara a la capital y con un tratamiento intensivo de terapia física y otros aparatos adecuados a tal fin yo podía volver a rehacer mi vida.

Finalmente convencidos de toda esa teoría, desbordamos nuestras ilusiones en una maleta... mis hermanas y mi cuñada como siempre a mi lado, dispuestas a vencer todas las dificultades que se presentaran, ya que para ellas lo más importante era mi recuperación.

Llegó el día del viaje y entre lágrimas y risas, pero con grandes expectativas, abordamos el avión y en menos de una hora ya estábamos en la ciudad capitalina —toda cubierta con una brisa húmeda— yo me sentía alegre y optimista aquella tarde y con mucha esperanza, aguardaba la cita con el médico, supuestamente me atenderá al día siguiente, el recibimiento en el aeropuerto capitalino fue muy reconfortarle, ya que primos y amigos fueron muy solidarios conmigo. Esa tarde fue muy entusiasta y volver a ver otros familiares me dio mucha alegría y compartir con todos fue muy gratificante para mí. La mañana del día siguiente prometía ser muy esperanzadora para todos, muy especialmente para mí, era una mañana fresca, con un sol resplandeciente, no sé si era yo que con mi alegría veía todo colorido, especialmente las flore, era todo un verde tan bello, toda la naturaleza desprendía un aroma muy agradable y muy fresco a todo lo largo y ancho del recorrido, mientras nos trasladábamos al centro hospitalario. Finalmente llegamos, una estructura majestuosa con unos pasillos muy amplios para recorrer, allí a la entrada nos recibió una dama quien nos indicó tomar el ascensor que nos llevaría al consultorio del DOCTOR... El tratamiento con él era muy sencillo, sin necesidad de recluirme en el hospital, ni de ejercicios terapéuticos, supuestamente, sólo unos días y ya, luego pasaría a manos de otro especialista y él me indicaría el otro tratamiento, al término de mi primera cita y evaluación fui referida al otro especialista y situadas ya a la sala de espera para que me evaluara el médico, me aborda otro médico que me habló maravillas del hospital, saludándome y dándome la bienvenida con mucho entusiasmo... todo era alegría, todo era risas y conversaciones muy amenas, esperábamos mi turno, hasta que finalmente una enfermera muy apuesta pronunció mi nombre "SEÑORITA MARIELA GUILLEN", con muchas expectativas entramos y yo en la silla de ruedas y con otros aparatos ortopédicos para poder estar firme, visualicé sentado detrás de un escritorio al médico, un Militar , de avanzada edad y con el ceño fruncido, muy mal humorado que me observaba detenidamente y me preguntaba cuál era el motivo de mi visita al hospital, sorprendidas todas y con voz quebrada mi hermana respondió y explicó toda mi situación. Este médico con voz de mando ordenó alistarme en el diván para evaluarme, mi impresión era tan grande que solo miraba y lo obedecía, al revisar todos mis informes médicos, procede a examinar parte por parte todas mis extremidades, luego un silencio, que para mí fue más aterrador aún, que estar mirándolo a él. Sus palabras aunque sonaran fuertes no escapaban de la realidad y con pequeños *movimientos de su cabeza exclamó: ..."lo siento mucho pero todo depende de ella, del tiempo y la dedicación que tenga para recuperarse, además no era necesario estar buscando un tratamiento para un problema que se resolvía con terapias, perseverancia y disciplina, con esta dedicación a largo plazo se verán los resultados,", petrificada y sin pronunciar palabras, mi hermana y m cuñada solo apretaban sus manos con las mías, mientras yo soltaba en llanto y con ganas de gritarle cuanta palabra se cruzaba por mi mente, pero no era posible, porque yo no pronunciaba palabras completas, gracias a Dios no podía pronunciar palabras, -—para terminar aquella escena de dolor el médico continuaba diciendo: "yo creo que esta jovencita debe estar muy agradecida con Dios, ya que goza del privilegio para elegir entre la silla de ruedas y sus terapias o quedarse postrada en una cama, **de ella depende y es ella quien tiene la última palabra".** Mi hermana apenas le dio las gracias y girando la silla de ruedas, abandonamos aquel consultorio hasta salir por completo del edificio con la mayor rapidez posible y en silencio, teníamos que escapar de esa dura realidad en ese momento, mientras que yo quería huir, que me tragara la tierra, me negaba aceptar el drama, el que yo era el personaje principal.*

Todo parecía demasiado ridículo, demasiado irreal, todo lo que ocurrió esa mañana, mientras nos trasladábamos al estacionamiento, yo estaba muy alterada, decepcionada, desilusionada, lloraba y lloraba desconsoladamente y por mi mente cruzaba una y otra vez estas interrogantes,—que voy hacer, ya no puedo más— No sé qué decía o si pronunciaba claramente mi dolor y desesperación o era a mis adentros que lo gritaba. Lágrimas de frustración, ira y confusión se deslizaban una detrás de la otra por mis mejillas, en medio de todo aquel drama de terror, mi hermana y mi cuñada, sollozantes me miraban con dolor y sufrimiento, mientras secaban mis lágrimas, mientras decían tu eres joven tu puedes Mari, podemos buscar otra opinión...

Terrible porque todas mis esperanzas e ilusiones estaban puestas en esa consulta y de pronto en unos minutos todo se desplomaba, sentí como si me recalcaran una vez más, que el mundo de minusválidos esperaba por mí. El problema era más difícil para enfrentarlo porque ya no eran tanto mis limitaciones, sino la confusión entre depresión, angustia, frustración y consecuentemente esto generaba una conducta de dolor que ponía fin a la esperanza y lucha escondidas en lo más recóndito de mí ser. Rápidamente el verde resplandeciente de las montañas y el colorido de las flores, desapareció, radical y totalmente, ya no era fresco y agradable el aroma que se respiraba hace apenas unas horas antes, el camino de regreso ya no era tan divertido, por el contrario, todo tomaba un color gris, triste y silencioso, un gris sombrío y húmedo a mi paso.

7.- DE VUELTA A CASA OTRA VEZ...

La frustración y la angustia se postraron en todas mis manifestaciones, ya ni la alegría de compartir con mi familia me reconfortaba. De nuevo maletas, de nuevo el avión, igual todo, pero en profundo silencio, otra vez de regreso a casa, un joven muy apuesto me cargaba en sus brazos para abordar el avión, hasta el asiento de primera clase, supuestamente eran más cómodos para mi condición, al término de 50 minutos ya estábamos en el aeropuerto de la Chinita en la ciudad de Maracaibo. El traslado fue igual en brazos, luego la silla de ruedas, el pañito ya no era tanto para limpiar mi baba, ahora era para limpiar mis lágrimas.

Muy confundidas y tristes abordamos el taxi, nadie nos esperaba, llegamos a casa y encerrada en mi habitación, no quería ver a nadie, solo veía los rostros de dolor de mi madre y toda mi familia, para mí ya nada tenía sentido y muy a pesar de los esfuerzos de mi familia para despertar el ánimo en mí, nada era motivo de alegría.

En medio de esa tormenta de dudas y sufrimientos volví a ingresar a mis terapias, todas mis actividades iguales pero nunca faltaba la pregunta: "como te fue en caracas?" Este era el tema diario de conversación de mi hermana y mi cuñada y que, por supuesto, a mí me hacía mucho daño. Los días eran interminables y las noches eran para llorar y descargar la pena, al renegar y padecer mi suerte de vida. Todo parecía una pesadilla, toda mi tragedia, sin final, rezaba y me calmaba, pero continuaba llorando, me dormía y despertaba preguntado a DIOS por mi suerte y volvía a llorar, hasta amanecer el día, para prepararme y volver al gimnasio o a las terapias de lenguaje.

Los días pasaban muy lentamente y muy agotadores porque en las mañanas iba a terapias en el hospital Universitario de Maracaibo y por las tardes de nuevo a terapias en una clínica privada, las terapias de lenguaje para mí eran absurdas y fastidiosas, pero necesarias, odiaba las consultas con el foniatra (especialista de lenguaje), sus preguntas me parecían bobas y me daban risa, pero yo sabía que eran necesarias, para ver hasta donde llegaba mi evolución.

Así pasaban los días y las noches y entre tanto dolor, ya mis amigos eran muy distantes, pero el dolor más grande en mi corazón, no sabía nada de mi pareja, mi incapacidad, mi impotencia y soledad eran mis aliadas en una decisión que terminó con un intento de suicidio...

—-Si un intento de suicidio—-

8.- *EN UN MOMENTO ESA FUE LA SOLUCIÓN...*

Un buen día cercano a la navidad, mi mente se bloqueó por completo, estaba muy triste, deprimida, sola en casa, solo con la compañía de mi madre, mi vieja trataba de distraerme un poco, estábamos fuera de casa, en el garaje, tomando café y refrescarnos un poco del calor, muy cerca de mí escuchaba gaitas, música de ambiente navideño.

A medida que sonaba la música yo sentía entristecer y me alteraba, porque eran muchos los recuerdos que pasaban por mi mente... Gerardo, mi pareja ya no estaba a mi lado, ni una llamada telefónica nada, mis amigos distantes, muy esporádicamente tenía noticias de ellos, mi soledad y tristeza se combinaron, consecuentemente no tenía esperanzas futuras, perdí mi trabajo y justo ese día me entregaron la carta que me incapacitaba para trabajar, unos días antes me habían retirado de la Universidad, así, muy deprimida, angustiada, llena de miedos y melancolía, confundida y ciega, se unieron todos esos sentimientos y nublaron totalmente mi mente, perdí el control, no vi ningún sendero, ninguna salida posible para darle solución a mi problema, me quise ir a la habitación y calculé fríamente el tiempo que tardaría mi madre en traerme la cena para vaciar un frasco de pastillas en un poco de café con leche y en efecto, sin pensar en nada ni en nadie, me tomé lentamente toda esa mezcla de café y sedantes, que me compraron el día anterior, estaba totalmente consciente de que eran drogas muy fuertes, porque el médico advirtió mucho cuidado con el suministro de este medicamento, seguidamente llega mamá y le pedí me ayudara a acostarme en la cama, ella inocente de lo que hice me ayudó y se llevó la cena, porque no la quise. Dormida y sin despertar por mucho rato (según cuenta mi pobre vieja) ella entraba y salía a cada momento, pero yo no despertaba, extrañada un poco de verme inmóvil, sospechó que algo estaba mal e inmediatamente pidió ayuda...

Pasaron algunos días y desperté en la clínica, dormía bajo cuidados y atención médica, dopada completamente, dormía y dormía, pero así alcance a escuchar una voz muy lejana que me llamaba, Mariela, Mariela, Negrita bonita, así me llamaba el Dr. Lucas, el Neurólogo. Si en efecto era su voz... en cierto MOMENTO lo escuché que conversaba con alguien y exclamaba: ..."DE AHORA EN ADELANTE TODO DEPENDE DE ELLA PARA QUE SE RECUPERE"...

Parece que escuchara otra vez esas palabras, me recordó el médico militar de caracas, me desperté de aquella bobera y sueño tan terrible. Todavía mareada y borrachita, pude observar al Neurólogo que me trataba, el Dr. Lucas Gonzáles Fuenmayor, aquel galeno que retó la vida a causa de salvar mi vida de aquel terrible accidente.... Esta era su segunda apuesta con Mariela... Efectivamente El MILAGRO... estaba viva otra vez—- Gracias al Poder Divino y los conocimientos de este gran Médico...

Aquellas palabras de los médicos, tanto el militar en caracas como el Neurólogo en Maracaibo, sonaron igualitas y eran claritas en mi mente, resumían el mismo significado... A pesar de que me distraía con cualquier otra cosa, volvía a recordar aquellas palabras, repetidas por dos médicos... Cuál era la solución?... que gran interrogante; mi salida fue escapar e intentar suicidarme, pero no lo logré, lo que hice fue dormir unos días y frenar mi rehabilitación...

Sentía mucha pena y culpa, por eso dudaba regresar a casa, entonces pedí a mi hermana me aislara un poco para no ver a nadie que se compadeciera y/o sintiera lastima por mí... Así que me llevaron a su departamento y allí transcurrieron varios días hasta que alguien rompió mi orden y se arriesgó a visitarme... Una persona muy querida y muy respetada por mí, no precisamente fue para tenerme lastima, fue para conversar muy seriamente conmigo, ya que yo estaba cerrada, no solamente a ver a mis amigos sino que tampoco dejaba que me consultara un Psiquiatra, pero ella la Dra. Frida Yorde Saab, se escandalizó al saber de mi actitud y sin escatimar esfuerzos se atrevió a enfrentarme a esa dura realidad que atravesaba... En efecto, ella logró que yo me retractara de semejante decisión, ella estaba plenamente segura de que lo lograría, ya que conocía a esa Mariela Guillen, luchadora y emprendedora y no a esa Mariela que se desplomaba ante ésta tragedia, ya mi suerte estaba echada, que podía decirle, no encontré palabras que pudieran excusarme de esa actitud. Finalmente reflexioné un poco y mi primera decisión fue regresar a casa con mis padres, con mucha pena tal vez, pero ya era un gran paso.

De nuevo mis padres, mis pobres viejitos, siempre esperando mi regreso-—yo no sé quién sufría más, si ellos o yo en medio de todo este trance, pero lo cierto es que siempre estaban a mi lado, también sin entender, por qué a su niña-—con mucha pena y con mucha soberbia, pero volví a mi casa. Estaba muy cerca la noche de navidad y mi casa estaba totalmente decorada bajo el ambiente navideño, se respiraba paz y tranquilidad, entonces pedí a mis hermanas, por favor quería ver al cura de la Parroquia, sencillamente, porque lo consideraba un ministro de Dios, aquí en la tierra... Quería conversar con él un poco, en fin eran tantas cosas, tantos miedos y tantos pensamientos negativos en mi mente... solo con él, yo creí necesario pedir un consejo y orientación, para aclarar un poco esa confusión interna. Para mí ni un Psiquiatra, ni un Psicólogo, los creí capaces de atender mi situación y para ellos mis respetos, pero para ese entonces, no los quería consultar... así, poco a poco, fui calmando mis tensiones y finalmente llegó el cura... Pbro. Ignacio López...

El diálogo con el cura resulto muy reconfortante y asumí, muy responsablemente la culpa de aquel gran error de querer quitarme la vida, entendí claramente que ese es un derecho que solo Dios tiene que decidir, escuché detenidamente cada una de sus palabras, sus orientaciones y puntos de vista.

Comprendí la posición de la Iglesia ante este tipo de reacción, todo fue una enorme catequesis de reconciliación y de perdón, esto logró grandes reflexiones y sobre todo mi compromiso y aceptación para seguir esa lucha y realidad, esa nueva etapa de mi vida...

..."apuéstale a la vida, asume valientemente ésta prueba, que la fuerza te viene de lo alto, sólo Dios y si él ha permitido este trance en tu vida, Él te dará la fuerza para continuar... (Palabras españolas combinadas con maracuchas) que recibí de aquel hombre con sotana, que sacudieron mi existencia y me ayudaron a la conversión y entrega total a la oración hasta el día de hoy...

Comprendí que todo lo que sucedía, era una manifestación de Dios para mí, que yo iba por otro camino y este fue un stock, una forma de detenerme y comunicarse conmigo y por supuesto yo me negaba aceptar... esa era mi verdad, poco a poco fui, comprendiendo y todavía comprendo el torrente de misericordia que Dios tiene conmigo ante cualquier situación, solo es necesario un paso adelante y obtengo la solución con la venia De Dios para continuar. La noche de navidad y año nuevo llegaron, todo cambió, eran alegrías, risas, compartir en familia, la cena de navidad, los regalos de los sobrinos, sus alegrías y sobre todo mi presencia, estar allí, era lo principal, sin importar mis condiciones *y limitaciones, lo único era dar paso a un nuevo año. Ciertamente, la unión familiar era más sólida y compartida, en comparación a las anteriores.*

9.- MI FORMA DE COMUNICACIÓN...

Toda una anécdota, transcurrido un tiempo, después de tanta lucha para comunicarse conmigo, mi hermana buscaba una solución a este problema, hasta que por fin, un buen día tuvo una idea genial, elaboró una lámina con todas las letras del abecedario, tal cual Cartilla, con el fin de que con mis pequeño movimiento de la mano y con el dedo señalara letra por letra hasta completar la palabra que quería significar y por supuesto formar la oración y/o la idea que quería expresar para entablar un diálogo ¡Qué gran idea! fueron mis primeras fases, así, poco a poco, la gente iba entendiendo cuales eran mis inquietudes y lo mejor de todo, era que cuando no me entendía, buscaban la cartilla y listo, solucionado el problema de comunicación, además calmaba mi impotencia, ya que así de ésta manera me podía comunicar.

Realmente al principio fue una muy buena idea. Que duró muy poco tiempo porque ya se había convertido en una mala costumbre y consecuentemente me estaba haciendo daño, porque ya no me preocupaba en pronunciar bien las palabras sino que acudía a la cartilla, en vista de esta situación de retraso mis hermanas decidieron quitármela, para obligarme a pronunciar las palabras, igual me sucedía con el terapista de lenguaje y el Foniatra, ellos lo consideraron un mal método, ésta forma de comunicación, aunque fuera una solución inmediata y recomendaron desaparecerla, con el fin de que estuviera obligada a pronunciar una y otra vez las palabras para que sonaran más claras y más entendibles. Esta situación me causaba risa y desesperación, a menudo sentía que era ridículo.

Así pasaron días, semanas y meses, entre las terapias físicas y de lenguaje, ejercicios especiales por defectología de mi mano izquierda, hasta que conseguí sostener un lápiz y en posición de escritura, lentamente y poco a poco lograr diagramar letras o dibujos, tal cual aprendiz de Kínder, me parecía muy absurdo, demasiado tonto ese volver a empezar algo que ya sabía, pero era tan necesario ese proceso, esa era otra realidad que tenía que enfrentar. Ya un poco más consciente de esta dura situación, trataba de calmar mis tensiones y pronto comprendí ese gran problema y realizaba actividades que me tuvieran distraída, las molestias y el enfado desaparecían, al mismo tiempo que alimentaba mi cerebro con cualquier actividad y no me detenía a pensar en mi incapacidad física y de lenguaje y/o sencillamente ya me estaba adaptando a esa manera limitada de vivir, la impotencia de no verme normal físicamente se desvanecía poco a poco, para dar paso a ese nuevo ritmo de vida.

:::::::::::::::::::::::::

...UN GUERRERO SIEMPRE HACE ALGO
FUERA DE LO COMÚN...

:::::::::::::::::::::

II PARTE MOMENTOS...EL MILAGRO...

1- ACEPTACIÓN Y/O ENFRENTAMIENTO...

Era todo un proceso, pero ya me sostenía en pié, ya pronunciaba algunas palabras y tomaba el lápiz para la escritura, ya podía emitir sonidos más claros. Así fueron transcurriendo los días **con** *mi faena diaria de terapias, tanto de lenguaje, como físicas, terminaba mis días muy agotada, regresé al grupo de la Iglesia, con ellos tenía ciertas actividades y por lo general con mi mente ocupada, lo que significaría que no daba tiempo para lamentar mi tragedia, por el contrario comenzaba el entusiasmo para comenzar de nuevo y aceptar el desafío para enfrentar la realidad y seguir luchando hasta colocarme de frente con actitud vencedora. Cada día que pasaba sentía más fuerzas, casi no recordaba mi pareja, ni aquellos hermosos planes de matrimonio que dejaba y que me atormentaban, porque mi objetivo ahora era otro, Ligeramente enfrentaba y superaba situaciones que en un principio solían ser irremediables, ya tomaba conciencia del lado positivo de las cosas y no lamentaba mi situación. Ese proceso que atravesaba daba fuerzas* *y comprendía que si realizaba actividades, mi pena y dolor se iban disipando con más facilidad, aunque las secuelas físicas me lo recordaran porque eran muy severas. Mis hermanas me llevaron a un grupo llamado ASOCIACION DE MINUSVALIDOS, con gran entusiasmo ingresé y reconocía una por una las actividades, artísticas, deportivas, de destreza, de cocina y manualidades, entre otras más pero al poco tiempo, mi entusiasmo para continuar no era el mismo, ya que sentía que era un mundo diferente, mis metas, mis ilusiones y mis planes eran más grandes. No quería estar allí encerrada entre MINUSVÁLIDOS, hasta la palabra era horrible y no entraba en mi mente, hasta que no volví a reunirme más en ese mundo. Pero esta realidad efectivamente despertó en mí otro desafío, ya que pensaba si voy a regresar a la vida, entonces, voy por el camino de superación bien alto al extremo de querer continuar con mis estudios.*

Pensaba una y otra vez en las aulas de clase, en los pasillos de la facultad hasta en como subir las escalera dentro de la Universidad. Esta idea me entusiasmaba cada día más hasta que se lo comuniqué a una de mis hermanas y ella se encargó de decirle a toda la familia, Diosss... que locura la idea de volver a la Universidad y en estas condiciones.

La inquietud de volver a la Universidad era el asombro   total,   no   me   creían   capaz, exclamaban..."cómo es posible, ella no puede seguir *estudiando"... Mi familia en pleno preocupados por mi inquietud jamás esperaban este tipo de reacción en mí. Lo consideraron muy prematuro y en mis condiciones físicas, por favor, que locura... Esta reacción de mi familia me confundió muchísimo y me hacían dudar de mí misma, al extremo de pensar <<<será que estoy tan mal y dependiente más de lo que yo creo>> Las noches volvieron a ser tan silenciosas como tormentosas, además de solitarias, lloraba, oraba, dormía y a menudo despertaba exaltada con la pesadilla de no volver a estudiar.*

2.-VOLVER A CLASES...

La insistencia con mi familia para volver a clases fue tan grande, que saturé a mi hermana, la que mayormente comprendía mis inquietudes y decidió hacerme consultar con un Psiquiatra, para saber qué tan coherente me encontraba para que mantuviera esa idea de querer estudiar de nuevo. <<Lógicamente yo me negué a consultar tal Psiquiatra>> y mi primera reacción fue "yo no estoy loca", "yo solo quiero estudia" pero esta reacción no tuvo la menor importancia para mi hermana y ella fue mucho más astuta de lo que imaginé, por que dejó que pasaran unos días y bajo engaño visitamos un amigo en la clínica, finalmente tuve una conversación muy amena con éste supuesto amigo de mi hermana... A medida que conversábamos, más despertaba en mí la sospecha de que ese tal amigo era un Psiquiatra, efectivamente estaba en lo cierto.

Finalmente al ver que si estaba en lo cierto y su conversación me llevaba a entender muchos puntos de vista, lo respeté y compartí muchos temas que realmente eran necesarios para lograr mi objetivo. Todas sus preguntas y pruebas de comportamiento daban FE de mi capacidad y coherencia para volver a tomar mis estudios.

Ciertamente eran muy necesarios todos estos análisis de comportamiento y actitudes para convencerme a mí misma y a toda mi familia que sí era posible regresar a la Universidad, pero bajo la condición y compromiso de que no debía forzarme mucho y con una sola materia, para adaptarme de nuevo al ambiente estudiantil. Seguidamente y con gran entusiasmo veía como mi hermana preparaba todos los papeles para mi nuevo ingreso en la Universidad. Toda mi familia mantenía sus dudas y con gran preocupación se planteaban, como se va a desenvolver Mariela y como se va a desplazar de un lado a otro?

De esta manera organizábamos y preparábamos el tiempo para asistir a terapias y clases, mi asistencia al grupo en la Iglesia que no podía faltar a mi crecimiento espiritual. Verdaderamente mi ingreso a clases en la Universidad y con todas estas actividades era muy fuerte la lucha, pero se convertía en el inicio *de ésta nueva entrega de vida y una de mis mayores metas, volver a la Universidad, ese si era mi mundo.*

Volver a la Universidad, que gran alegría, se realizó un sueño, ahora era continuar y finalmente graduarme, porque en verdad ya estaba muy cerca de terminar, ya que me quedé en el 8vo semestre de Comunicación Social. Nunca voy a olvidar mis primeros días en clases.

Mi hermana se organizó con sus actividades para trasladarme y luego ir a buscarme, mi primer día de clases, abordo risas, llanto, impresión, alegrías, comentarios de todo tipo, entre otras cosas. Mis compañeros de clase ya no eran los mismos, todos ya estaban graduados apenas unos que otros eran conocidos, pero ya estaban casi graduados también, por lo tanto, mis compañeros eran otros, si habían algunos conocidos porque nos cruzábamos en los pasillos, en el cafetín y/o en la biblioteca, aparte de que era más fácil que ellos me recordaban más, tal vez por el trauma del accidente, o tal vez porque les atraía cuando estaba en mi plenitud... Unos de los profesores que eran de gran estimación para mí, ya estaba al frente de la dirección de la Escuela de Comunicación y muy contento, en una oportunidad bajó a verme en el pasillo, su impresión fue muy notoria, estaba paralizado, impactado, al verme. Diosss.... Que terrible ese MOMENTO....

El profesorado en pleno y la mayoría de los estudiantes del nocturno, dificultaban mi reincorporación a clases, porque supuestamente las secuelas del accidente y limitaciones no me permitirían el avance en los estudios. Ellos desconocían de mi capacidad y memoria operativa.

Como recuerdo aquellas miradas de impresión, tal vez de admiración, pero todos con lágrimas en los ojos, tal vez de alegría o de tristeza, pero todos dirigían sus miradas en mi dificultad para caminar con zapatos ortopédicos (Cariñosamente los llamaba mis PEPITOS) y apoyada en las muletas y/o mi dificultad para hablar y reír... Igual me miraban cuando caía al suelo sin ningún control, en las aulas de clases o en los pasillos, pero lo más terrible era enfrentar los comentarios y murmuraciones:

...”Que va por más que quiera no va a poder”...

...”Si logra graduarse no va a ejercer”...

...”Para que sigue estudiando”...

Por otro lado también eran buenos comentarios, todos extrañados e impresionados en ver mi actitud al reírme de una caída y seguir adelante, exclamaban:

...”Que bien como lo ésta superando”...

...”Su esfuerzo será Bendecido”...

...*"Es un ejemplo para todos, desde cualquier punto de vista"...*

...*"De que se gradúa se gradúa"...*

En fin aquel rosario de comentarios, poco a poco lo fui superando, así pasaron días y mis clases eran normales, los exámenes eran realizados sin ninguna excepción para mí, estos los realizaba como cualquier estudiante más, entregaba mis trabajos, las intervenciones eran por escrito, igual a los demás, ya mis compañeros me aceptaban con mis condiciones y se brindaban para ayudarme, que chiste al subir o bajar escaleras, ya que todos se prestaban a llevarme en brazos y muy jocosamente en medio de risas me subían o bajaban, algunas veces se turnaban y se reían porque unos llevaban mis cuadernos, otros las muletas y así, cuando se nos hacía tarde era todo un espectáculo las carreras para llegar a tiempo...

Finalmente terminamos el semestre y yo sin ninguna dificultad aprobé la materia, que divertido y cuanto bien me hizo aliarme con mis nuevos compañeros, sus chistes, picardías, ocurrencias y travesuras, compartir desde un café hasta una sonrisa o sencillamente una lágrima, era para mí la dosis más reconstituyente e instantánea que cualquier medicamento suministrado.

3.- EL RETO FUE MAYOR...

Tras estas nuevas experiencias con mis compañeros y lo tranquilo y seguro culminé el semestre, tenía más ánimo, estaba más dispuesta y entusiasmada, por lo que pedí a mi hermana, que para el próximo semestre quería inscribir más materias y finalmente me inscribió con tres... Así fue de tal manera la idea y el objetivo era ocupar más mi tiempo y mente en mis estudios. Todavía mi familia se preocupaba por los riesgos que asumía y tenía que enfrentar, más no dudaban de mi capacidad para continuar y seguían apoyándome. Se preocupaban sí, pero igual me daban ánimo para cumplir todas mis inquietudes... Me trasladaban de un lugar a otro para que pudiera realizar todas mis actividades, mis padres eran los más preocupados al verme con mayor esfuerzo, pero estaban seguros de que ese esfuerzo me daba ánimo para continuar.

Finalmente comencé el nuevo semestre y con mucho entusiasmo llegaba a clases y realizaba la entrega de trabajos, me reunía en equipos, investigaba, en fin, ocupaba más mi tiempo entre terapias, estudios y la Iglesia... finalmente debía realizar las pasantías profesionales, lo cual era requisito indispensable para poder graduarme. Este si fue un verdadero problema, porque integrarme al campo laboral no era "nada fácil" pero asumí el reto, esto implicaba abandonar mis terapias por un mes, no importa, pero yo sigo adelante, el problema ya no era problema, porque el papá de una de mis compañeras era dueño de una Agencia de Publicidad y se ofreció para que realizara mis pasantías a medio turno, lo que significaba que no interrumpía mis terapias, pero con la gran diferencia de que eran 8 semanas en trabajo de campo. Este no fue ningún obstáculo para que realizara mis pasantías, por lo que finalmente accedí a ingresar a trabajo de campo y logré cumplir mis funciones como futura profesional de la Comunicación.

Finalmente el nuevo y último semestre, las Campañas y estrategias comunicacionales ocupaban mucho mi atención y estudiaba hasta muy tarde en la noche, pero con plena seguridad de que me preparaba para graduarme, así llena de tantos compromisos estudiantiles logré culminar uno de los semestres más fuertes de la carrera, hoy recuerdo con gran satisfacción uno de los MOMENTOS más esperados, el día de grado, pero debo referir que en uno de los actos de grados que antecedieron al mío, fui homenajeada en una cálida y hermosa ceremonia de pregrado... Llamada EL ESFUERZO ABRE CAMINOS A LA SUPERACIÓN... cuantos recuerdos hermosos guardo de esa noche, comentarios, lágrimas de dolor y alegrías, risas, admiración, en fin, todas reflejadas en un mismo sentimiento que arrojaban como resultado en mí una gran sed de vida, y consecuentemente generaba una gran dosis de entusiasmo y ganas de superar rápidamente esa etapa de estudiante a profesional, de cualquier manera y condición.

4.- MIENTRAS...

Una vez culminadas todas las materias y requisitos para optar al título de Comunicadora Social... solo preparaba documentos y trámites administrativos de rigor para recibir el título de Pregrado en la Universidad del Zulia y mientras transcurría todo un semestre de espera, me dedique de lleno a mis terapias y tratamientos y ese era el tiempo oportuno para realizar una Intervención Quirúrgica en mi pierna y clavícula izquierda, en efecto, todo estaba calculado para ese tiempo, mientras llegaba el acto de grado.

La intervención estaba ya calculada y mi ingreso al centro clínico estaba la orden del Doctor Nelson Socorro, un reconocido médico traumatólogo especialista en cirugía de mano y ortopedia, necesarias para desprenderme un poco de tantos aparatos ortopédicos que usaba como agentes físicos de apoyo para caminar. Nuevamente la habitación de Mariela Guillen en el Centro Clínico de Occidente en Maracaibo se abarrota de compañeros de estudios, quienes aspiraban mi presencia en el acto de imposición de anillos y medallas, por lo que fue necesario esperar un poco más y postergar la fecha para que yo pudiera asistir a tan esperado acto.

Ciertamente, una semana después, todavía con dolores musculares y con la pierna izquierda totalmente enyesada, trasladándome de un lugar a otro en silla de ruedas pude asistir al acto de imposición de Anillos y

Medallas, previo al solemne acto de Grado. Una gran noche de aplausos, gritos, silbatos, fotografías y flores... Si realmente yo protagonizaba el personaje principal, de esa noche en medio de familiares, compañeros de clases y amigos, aunque el dolor estaba latente, éste no me incomodaba para nada porque era mi alegría el propio sedante que calmaba esa pena. En reposo absoluto recuperándome lentamente, pasaron tres meses y el resultado era óptimo, porque podía mantenerme en pié firme sin el apoyo de los zapatos (PEPITOS), también limitaban además de mi manera de caminar, mi manera de vestir, porque era todo un trance, para buscar un traje que estuviera a tono y disimulara un poco los Aparatos en mi cuerpo.

:::::::::::::

SI TE PROPONES GRANDES METAS TENDRÁS GRANDES VICTORIAS...

:::::::::::::

5.- EL GRAN DÍA DE GRADO...

Se acercaba el gran día de Grado... yo me sentía en perfecto estado de ánimo y muy a pesar de mis condiciones físicas, mi hermana o mis compañeros de grado me llevaban de un lugar a otro, pendiente de los tramites, de los últimos detalles, de los ensayos en fin, hasta que entregaron en mis manos la tan anhelada Toga y Birrete, que gran satisfacción, esa noche fue y será eterna en mi memoria, no podía conciliar mi sueño, tomaba una y otra vez en mis manos el traje negro , lloraba, reía, daba gracias a Dios, mi mundo era pleno, no importaban mis condiciones, al experimentar tanta satisfacción.

La mañana me sorprendió con un sol resplandeciente, el cantar de las aves domésticas y los pájaros, sonaban como tiernas y delicadas melodías, que expresaban igual o mayor alegría que la que yo sentía, las flores desprendían todos sus misterios aromáticos y colorido fresco que conjugaban con mi piel, para irradiar un tono totalmente resplandeciente.

Finalmente camino al Auditorio para el gran Acto de Grado, apoyada solo con dos muletas y vestida con mi toga y birrete, hice la gran entrada al lugar, mis compañeros y toda persona allí presente al ver mi paso, murmuraban y me hacían sentir como el personaje principal de aquella escena, mientras caminaba entre toda aquella multitud de graduandos recorría el largo trecho hasta llegar a la butaca etiquetada con mi nombre MARIELA GUILLEN.

Seguidamente las autoridades en pleno se hicieron presentes y dieron inicio al Acto, entonando el Himno Nacional, luego el protocolo de orden, seguidamente, la entrega de títulos... MOMENTOS PARA LA HISTORIA... uno a uno fueron desfilando hasta llegar a la máxima Autoridad Universitaria, yo serena, pacientemente, respirando profundo, con mucha calma, esperaba mi turno, seguidamente y con mucho entusiasmo se escuchó mi nombre SEÑORITA MARIELA GUILLEN y mientras yo trataba de levantarme y caminar algunos pasos, las Autoridades hacían comentarios entre ellos, temblorosa y sudando por el esfuerzo y la emoción que sentía, tratando de llegar hasta el borde del escenario al encuentro de todas las Autoridades en pleno que bajaban para hacerme entrega del DIPLOMA, que con tanto esfuerzo finalmente pude obtener.

Que MOMENTOS, toda aquella multitud en el auditorio de pie... aplaudían, gritaban mi nombre, me fotografiaban, alta ovación, pitos y pancartas salieron en ese instante no sé cómo... la Rectora de la Universidad, para ese entonces la Doctora Imelda Rincón, mientras me daba un estrechón de manos exclamaba: "TE LO MERECES QUE TENGAS MUCHO ÉXITO" AQUELLAS PALABRAS FUERON TAN ENTUSISASTAS Y EFERVECENTES COMO EL AMBIENTE MISMO.... Los abrazos y apretones de manos de los compañeros manifestaban la gran emoción y admiración del MOMENTO,

Acto terminado, fotografías y más fotografías, con las autoridades, con mis padres y hermana, con los compañeros, hasta salir y abordar el auto de regreso a casa, finalmente llegue a la meta, desafié la vida realmente, Logré Graduarme.... La llegada a casa fue toda para el recuerdo un pequeño pero emotivo brindis a mi nombre y un almuerzo preparado por la gorda, mi hermana, todo muy sencillo y humilde, muy propio de mi familia. Llegaba la noche y eran llamadas, regalos, visitas de todo tipo, de toda mi gente. A la mañana siguiente ya el sueño era otro, mi realidad seguía siendo otra porque ya era una profesional y con un título de Licenciada, me entregué sin reserva alguna mis terapias y así pasaron meses.

Este paso del tiempo cerraba toda herida, aunque mis condiciones físicas seguían siendo mi limitante, pero de cualquier manera trato de superarlas, y en medio de todo este dolor alcanzo muchos avances con la ayuda de grandes terapistas que además de su amistad y solidaridad, brindan un trato psicológico, el cual es considerado como la base fundamental para una buena rehabilitación. Este proceso ha sido muy lento, pero la solidaridad que particularmente he tenido, por parte de mis FISIOTERAPISTAS ha generado un clima de confianza y seguridad, al extremo de darme una pequeña y muy importante responsabilidad en su equipo de trabajo. Allí trabajando en un consultorio médico privado de FISIOTERAPIA desahogué todas mis tensiones e incapacidad laboral, toda mi tristeza y soledad se disiparon porque encontré otro apoyo en una nueva etapa de trabajo y aunque no tenía ninguna relación con mi perfil profesional acepte nuevamente el desafío, allí me desempeñe como Asistente y facilitadora en una Sala de Rehabilitación, allí también pude experimentar la sensibilidad humana, que no se aprende en ninguna aula de clases, ni con ningún libro, solo compartiendo un mismo dolor con una caricia, un apretón de manos, una lagrima o una sonrisa, es el estímulo más preciado, y muy particularmente refiero que hacen olvidar por momentos todo tipo de limitación.

Después de obtener un título Universitario y formar parte activa de un equipo de FISIOTERAPISTAS, en un ambiente de sensibilidad y calor humano, fue precisamente en ese mundo insospechado de BATAS BLANCAS, donde descubrí que una sonrisa llena de agradecimiento convierte la diferencia entre lo profesional y lo humano.

:::::::::::::::::::::

NUESTRO DEBER ES SER ÚTILES NO COMO QUISIERAMOS SINO COMO PODEMOS....

:::::::::::::::::::::::::

6.- EL VERDADERO DOLOR DE MI INCAPACIDAD FÍSICA...

Actualmente se nos presenta un panorama que urgentemente precisa de un cambio en la elaboración de leyes y proyectos. Es cierto que para afirmar este planteamiento se deben tomar en cuenta muchos puntos de vista, ya que por un lado se habla de reformular los términos del pago de la deuda externa, de reformas laborales, de una reducción de gastos, en fin se habla de tantos cambios y nuevas medidas económicas, pero lo más lamentable es que siempre se termina convenciendo al pueblo, de que todo es necesario y mucho más.

Por lo general todos los individuos, indistintamente de que sean hombres o mujeres, siempre terminamos por cometer el mismo error, al aceptar las determinaciones, que en el fondo son muy particulares, de quienes tienen la responsabilidad de controlar y administrar nuestro sistema.

Este hecho ha generado y aún sigue generando, un dolor colectivo, no son más que un condicionante social, que circula dentro de un interés muy personal de estos individuos, por lo tanto, arrastran a un casi total extremo de rechazo, discretamente, manejado para personas que de cualquier manera, somos incapacitadas físicamente, mas no quiero decir con esto, que estamos incapacitadas intelectualmente.

Esta situación para algunas personas, son ligeramente insignificantes, pero para otras nos afecta directamente, a diario somos las víctimas potenciales ya que nos condicionan o limitan el acceso a edificaciones y obras majestuosas, carentes de las mínimas condiciones establecidas, para los incapacitados, impidiendo el acceso, una adecuada y libre circulación .

Con criterio propio y afectada por esta situación, siento una gran tristeza al no poder movilizarme por ciertos establecimientos públicos y privados, los cuales carecen de rampas para el traslado o de ascensores para incapacitados, hasta estacionamientos que permitan el acceso libre y sin dificultades para su movilización. En buena medida, toda ésta situación se desprende del interés propio, dejando de lado el correcto funcionamiento de una sociedad que también es integrada por personas, que de alguna manera, padecemos de un impedimento físico, aquí MI VERDADERO DOLOR DE LA INCAPACIDAD FÍSICA... Además de enfrentar esta grave situación en nuestro diario acontecer, existe otro problema que quizás sea más doloroso aún y el más trajinado para solucionar, porque el terrible drama de desempleo que afecta a la gran mayoría de los venezolanos, afecta más directamente a los incapacitados.

Con experiencia propia, refiero este aspecto que es tan delicado como doloroso, porque el mercado de trabajo, es además de escaso muy competitivo, muy a pesar de mi grado de instrucción, he tenido que enfrentar a un mundo enlodado de intereses muy particulares que beneficia al que llega más rápido o a la elite de trabajo que la sostiene, descuidando o destruyendo a su paso al que se encuentra desposeído, desde todo punto de vista, éste tipo de situación llama mucho la atención, porque es precisamente por eso, por vivir tan a prisa, viven en medio de ese lodo y pierden y/o dejan a un lado su hogar, su familia, los hijos, la pareja, sus padres, su crecimiento y formación, total es el valor del seno familiar el que se está perdiendo en este campo de batalla.

También he conseguido a mi paso a personas con gran calidad humana, que me han demostrado sentimientos muy puros que han sido de gran ayuda, tanto, en lo profesional como lo humano. Con este planteamiento, trato de alguna manera, hacer pública mi inquietud, además de manifestar el verdadero dolor que hay detrás de mis limitaciones físicas, sobre todo al intentar el ingreso al campo laboral, así tenga trayectoria profesional.

Hoy con grandes expectativas trato de alguna manera, vencer ésta batalla, pero la realidad es otra y me condicionan mucho. Pero con gran alegría, todos los días recuerdo las palabras de un hombre con gran conocimiento y sabiduría que me dijo en su MOMENTO: <<EL MUNDO ESTÁ DISPUESTO A HACERSE A UN LADO PARA DARLE PASO AL HOMBRE QUE TIENE FE>> Estas palabras me reconfortan y me llenan de entusiasmo cada día más... poco a poco, sin prisa, pero sin pausa he trabajado muy duro.

Actualmente estoy trabajando directamente desde mi casa, si el problema es ingresar a las filas laborales, pues estoy decidida a no hacer fila, voy a ejercer libremente mi profesión, desde mi casa. Para ésta idea ya mis proyectos se están realizando, convertí una de las habitaciones de la casa en un ambiente de oficina, todo inicio requiere de gastos y para cumplir otra de mis metas, puse en venta mi carro con el fin de que ese capital sería destinado a comprar copiadora, computadoras y papelería, además de escritorio y sillas de oficina. Proyecto en marcha y paralelamente me planifique con otro proyecto y comienzo a trabajar libre y espontáneamente con mi propio personal de trabajo en un PERIÓDICO COMUNITARIO, sin presión fui amoldando mis terapias con el ritmo de trabajo en mi propia casa.

Días muy fuertes me tocó vivir, pero delegando funciones, orientando y organizando todo fue generando ideas y pronto ya mi ejercicio profesional estaba en marcha, todo fue un querer iniciar un proyecto, realmente lo inicie y le di cumplimiento, sin necesidad de ingresar a las filas de espera laboral. Fue en mi propia casa y desde allí se mantiene un trabajo fuerte pero digno y honesto, EL PERIODICO COMUNITARIO MI GREY....

::::::::::::::::::

**TRABAJAR ES SONREIRLE
AL FUTURO...**

:::::::::::::::::

7.- A ELLOS...

La tarea me resultó muy pero muy difícil, el ingreso al campo laboral, cada vez es más difícil y exigente, para todos, especialmente para quienes presentamos alguna limitación física, pero en medio de todo este conflicto y esta lucha diaria, a mi paso he encontrado muchas, pero muchas personas que han creído en mí y me apoyan para continuar esta batalla, ya que todavía en esta ciudad en medio del bullicio y de la imprudencia de muchos se encuentran personas de sentimientos muy nobles, con sentido ciudadano que prestan su ayuda incondicional a quienes, en alguna oportunidad, tarde o temprano la necesitamos y finalmente se hacen solidarios para compartir un mismo dolor y un mismo triunfo.

Con mucho cariño y desde lo más profundo de mis sentimientos, a todos ELLOS quiero decirles que hoy veo el futro de su ayuda incondicional y por muy mínima que sea, ha sido de gran apoyo en todos y cada uno de mis logros, tanto, espirituales, morales, económicos, éticos, médicos, de trabajo de estudios, en fin.

En mí caso, hay tantas personas a quien tengo que agradecer por su confianza y apoyo, que hoy les digo que aquí estoy, detrás de un número de teléfono y con el recuerdo de que algún día me tendieron su mano y/o sencillamente me brindaron una sonrisa y una frase de aliento, con plegarias al cielo, ruego por el bienestar de todos, hoy y siempre con palabras llenas de gratitud les digo:

...QUE EL SEÑOR LOS COLME DE BENDICIONES....

:::::::::::::::

...EL AMOR AYUDA SIN ESPERAR RECOMPENSA...

:::::::::

8.- MISTERIO PROFUNDO...

Antes de conocer las grandes riquezas espirituales que cada ser humano guarda dentro de sí, hagamos una reflexión sobre nuestro acontecer, ya que de labios de mucha personas a nuestro alrededor se escuchan ideales nuevos, siempre con la fe y la esperanza ceñida por un Dios creado en la mente de cada persona, significando una interés muy particular, que solo busca premiar a la jerarquización de valores, la extorsión y las pasiones desmedidas. Frente a este desequilibrio de valores que todo ser humano arrastra de manera consciente e inconsciente, se extingue un grave peligro, tanto físico como espiritual en el que es preciso diagnosticar una rápida intervención, guiada por la iniciativa propia para buscar una reforma profunda y limpiar todas las impurezas que llevamos dentro, influenciadas tal vez por el medio físico, es decir se debe hacer una organización interna antes de pretender organizar el mundo exterior. Cuando se logra el reconocimiento interior de manera sincera, se logra una enorme capacidad de sabiduría para atender a situaciones de angustia, tribulaciones o simplemente de armonía.

Ante todo este planteamiento se resume una limpieza profunda de nuestro ser en una lucha interna para ganar la libertad individual. En este aspecto quiero referir la generalidad de personas que manifiestan ser libres externamente, pero que realmente se encuentran atados por una cadena de mentiras andantes, que son sentimientos y pensamientos negativos y dan paso a una voluntad estéril. Para reconocerse internamente, es necesario lograr una transformación profunda, ya que no es ni el dinero, ni la fama, ni el poder, ni el prestigio, ni los valores, los que contribuyen al engrandecimiento del ser, sino a simples e insignificantes ilusiones que solo sirven para alcanzar satisfacciones muy personales, es por ello que debemos comenzar por creer que todo lo que sale del corazón y de la mente, queda grabado y deja huellas, esta es la razón por la que se hace necesario, buscar en lo profundo de nuestro ser lo que realmente somos y no los "modelos de vida" que realmente formamos para expresarlos en nuestro medio social.

No es fácil comprender y sobre todo, escribir esta palabras porque para ello es necesario descubrirse interiormente y descubrir el AMOR Y LA MISERICORDIA DE DIOS por medio del crecimiento espiritual que recibimos de diferentes personalidades que ayudan al entendimiento con la familia, al calor del hogar y principalmente llegar a conocerse a sí mismo.

En esta lucha digna, limpia y pura, hay que tener mucho cuidado, porque no es sencillo, la tarea es muy larga y el combate es muy lento, es necesario conocer el MISTERIO DE LA ORACIÓN Y EL ARTE DE LA PACIENCIA, seremos capaces de enfrentar las dificultades de la vida, si y solo si, asumimos responsablemente levar la espada de la voluntad y una muy fuerte perseverancia para defendernos y librarnos de las ataduras que no nos dejan avanzar.

::::::::::::::

*...NO PIERDAS TIEMPO CLASIFICADO
A LAS PERSONAS EN MENOS
IMPORTANTES O EN MÁS
IMPORTANTES...*

::::::::::::::

9.- EL ENIGMA DE MI ORACIÓN...

El cristiano venera y honra el Corazón de Jesús e invoca al Espíritu Santo a través de su nombre, la Oración Cristiana, practica el Vía Crucis, siguiendo al Salvador. En la tradición, la oración viva y donde cada iglesia propone a sus fieles, según el contexto histórico, social y cultural o en su forma de oración, palabras, melodías, gestos, iconografías, todas corresponden al gran misterio. Para discernir la fidelidad de estos caminos de oración y la tradición Apostólica que compromete a sus catequistas a explicar el sentido de la oración debe ser siempre con relación a JESUCRISTRO.

Con mucho respeto al sentido práctico de esta cita, entiendo que cualquier manera de oración, según el contexto social y cultural, siempre va a estar estrechamente relacionada a la comunicación directa con el Padre.

Con criterio y conocimiento propio, en mi formación y crecimiento espiritual he entendido la oración, como la fuente más elevada de iluminación y meditación y meditación que genera un torrente aún, más preciado de espiritualidad, muchas oraciones privadas han de ser muy cortas, pero en el momento de la comunicación, en la reconciliación, en esa conversación directa con Dios, es un tiempo muy significativo y muy especial, pero más especial y significativo es pasar mucho tiempo a solas con tu Dios, ese es el secreto de mi oración, siento que alberga en mí una fuerza poderosa que genera en mí, entendimiento, meditación, además la solución a muchos problemas. Dios conoce a sus hijos y derrama bendiciones a quienes soportamos sus pruebas, también la comunión constante la que determina el secreto.

Entiendo la oración como la más alta prueba de concentración divina, es el arma más poderosa en todo mi trajinar, en este punto refiero la vida apostólica que particularmente he llevado con retiros, talleres, encuentros y convivencias, con ellos he logrado mi humilde conocimientos y reconfirmo cada vez más mi relación con Dios.

::::::::::::::

LA ORACIÓN... FUENTE DE PODER
Los Grandes Personajes dedican horas y horas a la oración y a la meditación....

:::::::::::::::::::::

10.- VALENTIA

Para hablar de mi voluntad tengo que reconocer que han transcurrido varios años, que mi constancia, disciplina, responsabilidad, FE y esperanza, ellos me han enseñado el arte de la paciencia y poder significar cada concepto con mucho discernimiento... No hay persona alguna que carezca de ella, unos la tenemos más desarrollada, mientras que en otros más activa, pero todos la tenemos. Hasta las acciones que nos parezcan mecánicas proceden de la voluntad, por lo tanto sin ella no viviríamos.

Tomaré como ejemplo a la voluntad a quien tiene hambre no come si la voluntad de comer o lo impulsa a tomar sus alimentos. De igual manera le sucede a quien se encuentra enfermo, permanecerá en una cama hasta morir si la voluntad n le mueve a levantarse y a luchar contra el mal que padece.

Ocurre con la voluntad lo mismo que con la fuerza física con todas las condiciones naturales: se tienen que desarrollar, ésta es la razón por la que en un gimnasio el ejercicio continuo le permite a un hombre débil desarrollar una fuerza portentosa y la conquista de una agilidad sorprendente, esto significa que para tener una buena voluntad se requiere de un desarrollo de la fuerza que solo depende de la MENTE y cubierta por una FE pura íntegra y sin dudas. Para ello es necesario emplear toda la energía que el ser humano posee sin permitir que el temor y la duda lo puedan vencer. Es necesario emplear toda la energía que tenemos sin temores ni dudas, por muy difícil y dura que parezca esta tarea <<yo les aseguro que si se puede realizar>>

claro, entiendo lo fatigante que puede resultar pero yo garantizo que con esfuerzo y disciplina si se puede lograr.

Por muy prodigiosa que parezca esta tarea, yo les puedo asegurar que si se puede realizar, claro, entendiendo que será un trabajo duro, pero con esfuerzo constante se consigue.

Con mucha confianza seguridad en nuestra habilidad, la voluntad siempre va a permitir que el hombre triunfe. Por lo tanto, la confianza en sí mismo, el valor, la decisión y el esfuerzo constante serán factores determinantes en la voluntad de cada ser humano.

Con estas cualidades bien cultivadas y unidas unas a otras, afinadas día por día, avanzando paso a paso, abandonando las tinieblas y encaminándonos hacia la luz se abrirán ante nuestro ser nueva perspectivas de sinceridad paz que nos conducirán finalmente al éxito. Quien no se crea esto, le recuerdo que la voluntad activa, no es otra cosa que la fuerza con la que se vece todas las dificultades de la vida, tanto interna como externas.

Así pues venciendo la tendencia, defectos y vicios podemos adquirir una voluntad enérgica, según nuestro propósito y nos daremos cuenta que nos llevará al intento de lo que antes nos parecía imposible. Es necesario educar ejercitar la voluntad si se quiere tener éxito en la vida.

El dolor y el sufrimiento son limitantes, pero no determinantes para volver a empezar. A mi paso he tenido hermosos y serios descubrimientos que me han enseñado una verdad por muy profunda que parezca, sus causas, éxitos y fracasos, pero siempre con la esperanza. Me permito recordarte que el creador nunca nos abandona, solo tenemos que abrir nuestro corazón y se nos dará paso a una nueva oportunidad y fuerzas para asumir responsablemente las consecuencias de todos nuestros actos. Con ésta afirmación tan entusiasta, la dificultad y/o tropiezo es mínima y comenzar de nuevo, no es más que otra experiencia.

:::::::::::::::::::

*CONQUISTE EL HÁBITO
DE LA ACCIÓN...*

:::::::::::::::::::

III PARTE MOMENTOS... MI QUIETUD

PARA ESCUCHAR LA VERDAD

1.- PEQUEÑOS MOMENTOS...

El primer año, después del accidente, fue muy fuerte, lleno de experiencias que obedecían al drástico e inesperado cambio de vida que atravesaba. Como se ha de suponer mis primeras reacciones, aunque manifestaban ser tranquilas, estaban cargadas de impotencia y rebeldía, fue un año de desilusiones y rebeldía, de una fuerte aceptación.

Todo mi entorno era muy gris, nada resplandeciente, muy esporádicamente tenía MOMENTOS de alegría. Ensombrecida por la tristeza y llantos silenciosos, por mi mente fluían nefastas y sin sentido. Mi familia toda, especialmente mis padres, preocupados y atentos a cada una de mis reacciones con mucho amor, dedicados a mi atención, me ayudaban a enfrentar tan terrible situación, muy discretos y en silencio, sufrían tanto o más que yo al verme en cama o en silla de ruedas, sin hablar, sufriendo la molestia del Traqueotomo y/o el collarín, entre otros aparatos... Solo quienes enfrentamos este tipo de situaciones podemos hablar el mismo lenguaje.

El reto era demasiado fuerte, muy duro la decisión para continuar, con el pasar de los años la lucha ya era costumbre pero siempre YO la figura que ganaba o perdía.

La angustia de ver como de un MOMENTO a otro se me cerró todas las puertas y se desplomaron todos mis sueños e ilusiones, el terror de no volver a caminar o hablar, me paralizaban, me daban ataques de pánico, blanqueaba y desvanecía ante esta posibilidad. Pasó todo el tiempo necesario, para desprenderme del traqueotomo, el collarín, de los zapatos ortopédicos, entre otros, el tiempo fue el necesario, para alimentarme concomidas sólidas, para entender que depende de mis terapias de lenguaje y físicas, algunas en su oportunidad como los aparatos para apoyarme, fueron desapareciendo, fue necesario el transcurso del tiempo y de las Intervenciones Quirúrgicas para una visión estable y más clara. Ante ésta realidad y con el paso del tiempo, con más fuerza y seguridad en mis movimientos. Poco a poco he comprendido que soy Yo la que toma las decisiones y buscar la solución para vivir en medio de este trance.

<Ellos, mis padres, mis hermanos, todos mis cercanos y YO, hemos enfrentado esta realidad juntos, para todos una misma tragedia, pero ellos, siempre alerta y preparados a una reacción de mi parte. Con el paso del tiempo, las actividades y responsabilidades me ocupan más y más, entre una y otra superaba los MOMENTOS de angustia y fatigantes ATAQUES DE PÁNICO Y DEPRESIÓN, el estar ocupada, oxigena mi cerebro, aparte de alimentar mí entusiasmo.

Entre una actividad y otra, tomé conciencia y comprendí que las palabras de aquel Medico Militar y las del Neurólogo, eran tan exactas, aunque fuertes, terribles e incomprensibles, significaban lo mismo, <<TODO DEPENDE DE MÍ>>, lentamente todas mis molestias y fatigas desaparecen cuando me ocupo en alguna acción, por el contrario de quedarme en una cama, lamentando mi suerte o despertar todos los días con un dolor diferente.

Mi familia toda, preparada, alerta, pero con mucho amor, comprendían y aceptaban la firmeza con la que yo estaba respondiendo, no esperaban que yo fuera la mujer fantástica, pero seguros estaban, que en mí hay mucha fuerza de voluntad. Los comentarios negativos y de lastima desaparecieron por completo de mi alrededor, hoy todo aquel que cree en mí, se enfada y evade este tipo de comentarios, solo permiten admiración y respeto, palabras de entusiasmo, mientras YO en mí silencio, comprendo los grandes esfuerzos que hacen, es más aceptable que ver caras de piedad y lástima, y/o tener que escuchar: POBRECITA, TAN JOVEN Y TAN LINDA, porque le pasó esto a ella, me aterraba, al escuchar el comentario de que yo estudiaba y trabajaba a la vez. Con el paso del tiempo, ya escuchar cada ocurrencia de la gente y los comentarios de novedad no existen, pero muy por el contrario, se han convertido en comentarios de admiración y respeto, al ver con que valentía he aceptado el reto. Los primeros años, fueron un cúmulo de experiencias y avanzaba cada día más y más, me agotaba mucho, es verdad, porque me excedía de ejercicios, todavía me agotan, pronto comprendí que si quería hacer las cosas bien hechas tenía que tengo que calcular muy bien todos mis movimientos. Si es muy difícil no moverme con rapidez—no puedo negarlo—esos son los MOMENTOS de impotencia, no puedo dar un paso sino es calculado, ya la depresión y nostalgia, se convirtieron en rabia y esto hace que prepare mis movimientos con mayor fuerza, Otra de las razones que me ayudan fuertemente es pensar <<Solamente DIOS es mi fuerza y mi esperanza para poder continuar>, además mantengo la teoría de que la *autocompasión, me quita tiempo en lugar d emplearlo en la posibilidad de intentarlo.*

No lo puedo negar, si hay MOMENTOS de depresión y nostalgia, pero son solo MOMENTOS, no hay tiempo que perder, son espacios muy cortos de tiempo. En silencio sufría al ver la mirada de mis padres, especialmente la de mi madre cuando mostraba su perplejidad y en la que insinuaba, <<Dios por qué le pasó esto a mi niña>> y/o cuando alguno de mis sobrinos necesitaban de mi ayuda, pero que al verme tan limitada no puedo correr hasta donde están. MOMENTOS, en los que me despierto y quiero levantarme de prisa y no puedo, miro a mi alrededor y sé que me espera la silla de ruedas o un par de muletas para apoyarme y pienso que todavía la vida me hace vivir diferente, pero muy en el fondo siento que soy muy valiente, que ese no es ningún problema para continuar... también hay MOMENTOS cuando quiero ir a la Farmacia, Panadería o cualquier otro requerimiento urgente, pero Gracias a Dios que todos mis vecinos están conscientes de mi realidad y me apoyan, solo pido el favor y ya lo consigo... Aquellos MOMENTOS tan difíciles cuando me mostraban un par de zapatos de tacón aguja, como lo que solía usar, también de cualquier vestido para que dé mi opinión, en verdad ya estoy superando ese dolor, MOMENTOS, en los que quiero sujetar algo con mis dos manos y/o cuando deseo correr o andar en una bicicleta y/o patines en el parque o a orilla de la playa y solo me divierto con mirar a los demás, pero si es divertido, porque con la silla de ruedas voy al lado de mis amigas, muy divertido porque ellas en bicicleta o patines y yo en mi silla de ruedas.

Mis amigos, muy especialmente, de AUTOENCUENTRO, DE LA ESCULA NORMAL ALEJANDRO FUENMAYOR, al ver mi alegre disposición, frecuentemente me llevan de paseo, a compartir un rato de chistes o de cumpleaños, cena de navidad y año nuevo, intercambios de regalos, fotografías, sorpresas, en fin, es tan regocijante escuchar sus comentarios, inquietudes, problemas, unos más alentadores que otros, pero juntas buscamos soluciones, compartimos una lagrima, una sonrisa, algún recuerdo o alguna anécdota, que nos recuerde el ánimo y la alegría de estar juntas.

También los MOMENTOS triste de angustia e impotencia, mientras muy acaloradamente discuto con mis hermanos o cualquier persona y se marchan, sin resolver nuestras diferencias, pero que con el paso del tiempo he aprendido que no es necesario, todas estas molestias y que pronto volverán y ya todo pasará. Han pasado muchos años y todavía, respeto mis terapias y no me permito abandonarlas, porque ellas son mi mantener firme mis movimientos, aunque con el paso de los años mis destrezas no sean las mismas, aún me rehabilito y sigo buscando un tratamiento, por lo que refiero MOMENTOS difíciles en los que he viajado fuera de Venezuela, sola, me montan en un avión y listo lo demás es de mi parte. En viajes de placer, tratamientos e intervenciones, congresos o concursos, pero que nunca descarté las visitas médicas y otras opiniones, que finalmente, me insisten en las mismas frases, <<DE TI DEPENDE Y DE LA REHABILITACIÓN... NO LA PUEDES ABANDONAR>> Es cierto, que muy frecuentemente cuando estoy en mis terapias me encuentro con personas muy interesadas en saber cómo he superado toda ésta tragedia, personas afectadas directamente e indirectamente por este tipo de situación o que simplemente quieren compartir sus experiencias conmigo.

Con el paso del tiempo muchas Religiones y creencias me han abordado para que ingrese a sus congregaciones o simplemente para que les ofrezca mi TESTIMONIO. Ante esta situación, debo referir que estoy muy bien definida en mi crecimiento Espiritual, por lo que respeto las posiciones y creencias adoctrinadas de cada grupo en cuestión. Ciertamente he integrado muchísimos grupo de oración, de reflexión, talleres, retiros, convivencias, entre otros, pero que finalmente llego a mi ideal, <<Dios ha permitido esta tragedia en mi vida para yo ser un instrumento de su palabra y poder, aparte de hacer grandes descubrimientos entender que la vida no se puede vivir de prisa, que todo es a su MOMENTO>> He desempeñado un papel muy importante para otras personas, solo con mi presencia y ganas de vivir, muchos me consideran muy valiente y que estoy aferrada a la vida, capaz de dar ánimo al que viene detrás de mí, jamás me había sentido en tan alta estima como en esos MOMENTOS en los que llevo mi testimonio y reflexiones, hasta llegar a los corazones de muchas personas, Consecuentemente y con mucha propiedad debo referir que, esos compromisos y testimonios me hacen comprometer más y más para la Gloria de Dios. En este largo proceso he conocido muchas personas que han sufrido similares tragedias, unos con deseos de superarse, mientras que a otros les resulta más fácil quedarse en una cama o en silla de ruedas por el resto de sus vidas y sin producir o ser útiles en algún oficio. En estas etapas de crecimiento y reflexión he experimentado que al dar ánimo a otras personas, me estoy dando ánimos a mí misma, porque me debo a tanta gente, tanto como a mi Dios....
Estos MOMENTOS que me han tocado vivir son pequeños espacios de tiempo que van dejando profundas reflexiones y a menudo encuentro muchos, pero muchos Profesionales de la

Medicina, que se sorprende por mi recuperación, mientras que otros afirman que además del esfuerzo médico, estuvo presente la mano de Dios en todo MOMENTO,

Hay también MOMENTOS grandes y tristes, como la pérdida de mis padres, volvieron los comentarios de que yo no lo aguantaría, que yo también moriría muy pronto... si es verdad he sufrido mucho mi soledad y ausencia, ellos partieron casi juntos el mismo año, pero segura estoy que ellos están mucho mejor que bien, ellos están felices allá en la Mansión Celestial y desde allí cuidan su niña, luego la pérdida de mí cuñada Nellys, otro dolor muy grande fue su partida, ella que tanto dedicó su tiempo y paciencia a mi lado, al cuidado de mis necesidades, de todas mis inquietudes y hasta mis berrinches, tal y como ella me lo decía y al poco tiempo también la pérdida de mis sobrinos, que también fueron muy seguidas e inesperadas, ellos que también se levantaron a mi lado, que reían, bailaban y lloraban sus penas y alegrías conmigo, a ellos desde lo más profundo de mi corazón les digo ..."LA GENTE QUE SE AMA EN LA VIDA JAMÁS MUERE... ELLOS SE QUEDAN VIVIENDO POR SIEMPRE EN NUESTRO CORAZÓN"... PARA ELLOS UN BESO HASTA EL CIELO....

Segura estoy que son estos MOMENTOS, los medios e instrumentos que empleo para cumplir esas promesas y esta gran misión para ayudar a otras personas y sean muestra de valor y voluntad para todos.

En una de mis visitas al consultorio del Neurólogo que hoy ya es un amigo personal y de mi casa Dr. Lucas González la clínica Falcón de Maracaibo, Él con gran orgullo y satisfacción me repetía una vez más: <<TE DAS CUENTA QUE LA DECISIÓN ERA TUYA>> mientras que yo muy complacida refería todos *mis grandes logros, al mismo tiempo que colocaba mis libros en sus manos, él muy sonreído y con expresión orgullosa exclamaba, <<no podía esperar menos de ti mi negra bonita>>, yo estaba seguro que si lo lograrías, aparte me refería también, que solo dos casos a lo largo de su Ejercicio Profesional Han logra superar semejante DIANÓSTICO y tú eres el principal. Se mostraba muy interesado en saber quién guiaba mis terapias, mientras yo le comentaba el torrente de experiencias que me ha tocad vivir, hasta que llegó el MOMENTO de hacerme la pregunta, Y DE PAREJA QUE DICES?*

Muy sonreída, pero con una visión futurista y pícara, <<todo a su debido tiempo Doctor>>...Mientras le confirmaba la presencia de alguien en mi vida y a quien no le importaban mis condiciones físicas, donde finalmente me aconsejaba <<Debes darte esa oportunidad, porque ya debes despertar esa hembra que estaba dormida dentro de Ti>>.

Finalmente y muy enrojecida, con gestos de afirmación, también le contaba toda la ayuda de tanta gente, entre ellos médicos especialistas, personas que dan muestra desinteresada en apoyarme, sólo porque admiran mi capacidad y fortaleza, pero igual me apoyan y finalmente este es el tratamiento que recibo a diario para comprometer mi vida y decirles <<AQUÍ ESTOY GRACIAS POR SU AYUDA>> Y más allá en el horizonte, donde el cielo se pierde con el mar, doy infinitas gracias a Dios por estar siempre a mi lado en todos y cada uno de los MOMENTOS que he tenido que vivir.

::::::::::::::

EL AISLAMIENTO ACABA CON TU SIMPATÍA...

::::::::::::::

2.- LOS MILAGROS SE VEN EN LA LUZ...

Son tantos los motivos que llevan a que día tras día, que ocurran hechos, que terminan con la ilusión de personas, que al igual que yo llenan las estadísticas de personas con discapacidad, que frenan prometedores futuros y en muchas ocasiones llenan de tristezas sus hogares donde los jóvenes quedan lisiados de por vida o enlutan sus hogares. Entonces por qué no reflexionar y comenzamos a entender que no somos dueños de nuestras vidas, tampoco le pertenecemos a los psicópatas del volante, es urgente y necesario el respeto para con los demás y entender que todos tenemos derecho a circular libremente por nuestras calles y avenidas, bien como peatones o bien como conductores.

Ésta inquietud se la dedico a todos aquellos lectores, que con mucha atención han seguido cada MOMENTO de mi tragedia y que hoy con la mejor intensión les recuerdo, que quien les escribe es una persona que aún padece estas consecuencias, es por ello que les transcribo muchos MOMENTOS de reflexión, con el firme propósito de grabar en sus corazones, el aprecio por la vida misma y por la vida de los demás, que no hay que arriesgarse ni exponerse, lo que importa realmente es REFLEXIONAR.

Ante este planteamiento les aseguro, que pueden salir adelante y comprender el derecho que todo ser humano tiene a la felicidad que nos regala es Creador. El hombre de hoy enloquece buscando la Paz y la Felicidad por todas partes, pero solo consigue decepciones y tribulaciones, por lo tanto, se condena a ser débil y sumiso, perdiendo las fuerzas y las esperanzas para continuar viviendo... Consecuentemente es la pobreza de libertad la que le impide triunfar mientras vive.

Esta situación la vivimos a diario con unas consecuencias muy trágicas y donde nos daos cuenta y donde nos damos cuenta de que el hombre lleva a término su vivir porque se llena de complejos y descontentos.

Todo este planteamiento lo refiero, para que juntos hagamos una reflexión, buscarle el sentido a la vida y no llegar al suicidio como la única salida. Con criterio propio refiero este antecedente, ya que mi experiencia ante el suicidio arrojó una profunda reflexión. Pero no todos experimentamos lo mismo y con este aspecto me refiero muy particularmente un acontecimiento muy de cerca, de un fraternal amigo, que vio pérdidas todas sus esperanzas y decidió poner fin a su vida, ante este hecho exhorto a no condenar esta decisión, porque ya no hay vuelta atrás, solo el recuerdo sincero y el comienzo de un nuevo camino por la vida alimentado de FE y esperanza.

El hombre se tiene que conocer a sí mismo en profundidad, ya que hay que suprimir las causas de la guerra y liberarse de todas esas cosas que lo atan al mundo y no es más que el origen de todas las tragedias y de toda la infelicidad existente.

Quien sueñe con alcanzar el reino de Dios y/o un Milagro debe comenzar ya, a conocerse a sí mismo y descubrir los dones y el poder divino que hay en cada ser humano, el goce de un poder universal e infinito que le llevará al cambio de un mundo material por un mundo espiritual el cual le va ubicando dentro del bien y la justicia. Por ello es necesario un cambio radical y desprendernos de todas esas cosas que nos arrastran a la sociedad actual la cual genera una destrucción a la humanidad.

Es necesario, un sendero, un camino nuevo que nos lleve a la fraternidad, a la independencia espiritual de todo ser humano para ser libres totalmente y amar a Dios por sobre todas las cosas, sin que la inteligencia lo desvié y lograr así el milagro que tanto esperamos.

::::::::::::::::::

*LA SOCIEDAD Y LA NATURALEZA COMPONEN
SUS ARMONIAS DE SUS PROPIAS
CONTRADICCIONES...*

:::::::::::::

3.- *PERDONAR ES MI FUNCIÓN POR SER LA LUZ DEL MUNDO...*

Mi querido hermano, a lo largo de este relato les contaba gran parte de mi vida, por todos esos momentos que he tenido que pasar y todo mi proceso de crecimiento; aquí tienen que ver muchas personas, he tenido que ir a muchas misas, escuchar muchos sermones, talleres, encuentros, conferencias, congresos, estudios profundos del libro Un Curso de Milagros, participación activa de grupos que finalmente van alimentando mi FE... La Biblia ha sido mi más importante libro... para extender a todos ustedes mi mensaje de FE y testimonio, con alegría ya que en medio de tantas experiencias de perdón me voy a detener en las tres experiencias más grandes de perdón que han marcado mi existencia: recuerdan que les comenté que yo intenté envenenarme, pues realmente yo me envenené se murió y enterré esa Mariela vacía, frustrada, sin esperanzas y llena de conceptos falsos en la vida, ella se murió se acabó. Porque nació una Mariela liberada y perdonada de aquella locura de terminar con su vida ACEPTANDO MI VIDA (no importa cuales eran mis condiciones, no importa lo perdido) DESCUBRIRME A MI MISMA y descubrir que todas esas situaciones de derrotas y desilusiones, no eran más que una y otra oportunidad para reconstruir mi vida y perdonarme a mí misma por todo ese rencor que llevaba a cuesta por tantos años, esa sensación de vacío y soledad, todas esas depresiones, perdonarme por esos pensamientos nefastos que se cruzaban por mi mente, por aquellos amigos que ya no volvieron más, también perdonarme por cuestionar a mis hermanos porque me trataban tan duro, por mis sentimientos de dolor y culpa y sobre todo esas creencias de limitación y de no poder curar todas mis heridas. ESE FUE MI PRIMER trabajo de perdón me confesé y comulgué con una gran alegría que finalmente, se me fue poniendo la cosa fácil para TRABAJAR UN SEGUNDO PERDON y dejar de reprochar y cuestionar a quien yo creía que destruyó mi vida.

Un buen día yo estaba tan llena de luz y tan tocada por el Espíritu Santo para contrarrestar tanto rencor y me sentía llena de paz que recordé, aquel día cuando mi hermana me llevó y me ubicó donde vivía el ser que me accidentó y sin pensarlo llamé el Señor del taxi que me hacía el transporte para ese entonces, con mis dificultades y con la ayuda de mi madre, aún viva me fui a buscarlo, pues allí en su casa me salieron todas las personas, hasta que por fin él, el causante de mi tragedia, pues era verdad, tuve que enfrentar esa verdad para poder distinguir y resolver aquel dilema, aquel momento estaba tan iluminado que a pesar de mi problema de lenguaje, solo pronunciaba Perdón, Perdóname, una y otra vez, con el rostro cegado en llanto, no podía distinguir si eran mis lágrimas o las de él las que se confundían en un abrazo , no sé cuál de los dos era el más tonto llorando, pero era necesario ser tontos, para otra vez perdonar, al rato ya calmados y con una taza de café en las manos éste hombre me contaba de su sufrimiento, pues se enfermó de los nervios y en sus sueños siempre veía los fantasmas que lo quería matar, evidentemente, estaba desequilibrado mentalmente motivo por el cual muy penosamente dejó de trabajar y de estudiar y consecuentemente separado de su esposa, finalmente comprendí que sucedió, más luego me planteaba a mí misma << a quien le hacía más falta esa escena de Perdón>>, la despedida fue bien amistosa e intercambiamos números de teléfono. Pero al volver al carro el chofer con una muestra de asombro en su rostro me preguntaba: ¿ese pobre hombre es quien te chocó? Mi silencio y llanto por sí solos *respondieron su pregunta.... Explicar los resultados y beneficios de esta reconciliación, no fue fácil, ya que mi tarea no era ir en busca del culpable, sencillamente era ir a buscar mi Paz interior, mi sanidad espiritual, mi luz interior, era enfrentar y derrotar todas aquellas barreras dentro de mí, era encontrar el amor divino y extender ese amor a mi semejante, a mi hermano, hijo de mi Padre. Entendí que era fácil mi perdón porque ya estaba AMANDO A MI PROJIMO entendí que como él también es hijo de Dios merecía soltar las cadenas de odio que nos separaban a los dos, igual extender su sanación y Paz, allí no hubo culpables en este accidente, solo fue un error, para ser elegidos y llevar este mensaje vivido por ambos. FINALMENTE MI TERCER PERDON... PERDONAR A MI NOVIO, YA MUERTO Y A MIS PADRES, también fallecidos, por qué me dejaron sola en este mundo por qué se fueron? no era justo que me dejaran sola y en mis condiciones, pobrecita yo? En aquel entonces lo que trasmitía era solo lastima, ese fue otro perdón que tuve que trabajar muy bien. Porque era perdóname otra vez a mí misma y a mis muertos que no los dejaba tranquilos. Acepté y perdoné toda esta amargura que me aislaba de mi entorno. Hoy vivo sola arregle mi casa a mi condiciones y necesidades especiales... pero yo nunca estoy sola...*

Nuevamente vemos que hoy nuestro hermoso sol nos ha iluminado, en esta tierra en la que nos encontramos, uno al lado del otro, apoyándonos y buscando del sustento para nuestros hogares, con mucha seguridad vemos como allá en el otro lado nos esperan nuestros seres queridos, nuestras almas amorosas y preocupadas por nuestro regreso. Hermano cuantas veces nos detuvimos en el camino para escuchar serios enfrentamientos en nuestro semejantes y nos preguntamos que pudo pasar para que se enfrentaran con palabras y gestos tan fuertes.

Mi querido hermano, antes de ser salvadora o liberadora, quiero que me recuerden como alguien que vino un día a enseñarles una tarea hermosa. Pues ciertamente ese es el maravilloso ritmo de la luz, perdonar, pasar del olvido al renacimiento y del renacimiento a la plenitud, de la plenitud al olvido y así cuantas veces sea necesaria, para llevar la enseñanza, la sabiduría, el aprendizaje, aprendiendo nosotros mismos y recordando cuando enseñamos para seguir enseñando.

Les invito a sanar sus heridas no importa lo que pasó, lo que me hicieron ni lo que sufrí solo les invito a tomar esa decisión de perdonar y a amar de ahora en adelante.

4.- FINALMENTE...

Hablar de mi vida, es afirmar los grandes descubrimientos que he podido experimentar, con la constante lectura de las Sagradas Escrituras, Lecturas de Autoayuda, mensajes de reflexión para descubrir una manera de vivir en los que muy lentamente he podido desarrollar mi Crecimiento Espiritual y tener siempre un punto de vista diferente sobre todas las cosas.

Con este planteamiento, corro el riesgo, de que no entiendan lo que trato de decir, o que simplemente me vean como una persona diferente, pero segura estoy de que si me arriesgo a decir el gran descubrimiento nada pierdo, por el contrario, tengo la plena certeza de que mucho puedo ganar, por lo tanto, trataré de interpretar la óptica que le den a la lectura de esta obra tan maravillosa que el Padre Celestial me ha permitido realizar.

El poder estar con vida después de ese trágico accidente, fue la gran obra del Padre, mientras, que estar viva a través de aparatos e implementos médicos fue solo un soporte, en mi estado de coma (inconsciente), hice grandes recorridos, por ese espacio infinito de mi MENTE y mi CORAZÓN, los cuales me acercaron cada vez más al Creador.

En ésta pequeña y maravillosa obra, MARIELA GUILLEN comparte el viaje de su vida que ha llevado hasta el punto de la evolución en la que hoy se encuentra. Su historia personal ha sido la inspiración de lo esencial de su pensamiento. Para ella lo más importante es hacer comprender que cada uno de nosotros es el Arquitecto de nuestro futuro y ese Milagroso poder de la Mente que nos abre enormes posibilidades de ser nosotros mismos los creadores del cambio y del Milagro, en Paz, e Armonía en Equilibrio, aún dentro de las pautas anímicas que se ocultan tras el malestar de la imposibilidad física. Las palabras de la Autora son reflexiones llenas de calor humano y ánimo que encienden las luces de la FE y la Esperanza. Esa FE y esa Esperanza que necesitamos cuando encontramos piedras en nuestro camino. Para MARIELA, esa Fe y Esperanza lograron quitar el DOLOR.

Una experiencia con un desenlace feliz que le llevó a investigar profundamente la mente humana y comenzar a preguntarse por el sentido de la vida.

Esta joven autora en vez de querer mirar su sufrimiento, miró a través de él como quién mira a través de una ventana, y así terminó por no ver su dolor, sino la vida que está a lado del dolor mismo.

5.- *YO SOY MI FELICIDAD...*

*Hermano mío, mi amigo, mis discípulos, mis compañeros de Misión y Plan de vida ya lo sé, ya llegó el momento de hablar de mis sentimientos terrenales, pues sí, aquí ante ustedes puedo decir que si soy feliz, no es mi felicidad la de un compañero no, permíteme decirte que después de tantas vueltas, hoy yo soy feliz porque vivo en Paz, serena, con mi mente quieta y decido día a día que mi compañía soy yo misma, por tanto mi **felicidad soy yo misma**, es verdad no lo niego, llore, lloré muchísimo al ver mis limitaciones físicas, luego de una cuadriplejia y perdida de equilibrio como consecuencia la perdida de la vía auditiva izquierda, mi manera de hablar muy particular como consecuencia de una Afasia expresiva y de lenguaje y así... ya abordaste y conoces mi realidad, mi interior, mis sentimientos y mis sufrimientos y alegrías, mis fracasos y mis avances con la lectura de cada página de este libro pero hoy te digo que mi felicidad se cristalizó cuando pude descubrir que en mí existía una gran capacidad interna PARA AMAR, sencillamente porque estaba aceptando mi condición de vida diferente y amándome a mí misma, desde ese entonces mi vida toma un rumbo, una nueva manera de vivir. No niego la existencia de muchos enamorados y de AMORES MUY EXTRAÑOS EN MI VIDA. Así pasaron muchos años en los que fallecieron muchos seres queridos, allí en medio de ese proceso de dolor y de ausencia se me acercó uno de esos tantos enamorados y comencé un romance, al principio lo escuchaba, luego lo toleraba, total era un mismo sentir por un Dios Padre, realmente si me ayudó a superar muchas lágrimas, igual me daba plenitud, extraña también ésta relación. Pero con la presencia de un poder Superior, el poder de un AMOR que no me deja espacio para una relación humana cualquiera, que* invade todos mis pensamientos, es mi compañía, es mi paz y seguridad, mi fortaleza y tengo que reconocer que estos AMORES, tan diferentes, pero tan iguales que me hacen elevar de nube en nube, que realmente me hacen temblar, pero realmente son mi equilibrio, mi compañero terrenal y mi amado aquí en la tierra y mi Dios Padre en el cielo, pero mi bien Amado.

6.- AMORES EXTRAÑOS

Una tarea difícil, muy cuesta arriba, pero si finalmente terminé aceptando que Gerardo, ese que fue mi pareja y compañero en mi plenitud de vida ya no estaba, se fue, ya no está, murió, nunca más va a llegar, entonces comprendí que estaba comenzando una relación, al mismo tiempo que la tengo con Dios Padre... descubrir mi capacidad de amar y ser amada y que sobrepasan cualquier relación humana, sobre todo, descubrir que todas esas situaciones de derrotas, desilusiones, traiciones y desengaños DE AMIGOS Y AMORES yo también las he tenido pero hoy después de todos mi conocimientos y entrega a mi misión y con total madurez CONSIDERO que ya estoy preparada y que mis limitaciones físicas no impiden para nada una relación de pareja, si soy consciente de mis limitaciones físicas, pero hoy en este justo momento confirmo que ese no es ningún impedimento, si tengo una relación establecida y si me llegó mi príncipe azul, o verde o rojo no lo sé, pero que si cuento con su ayuda, comprensión y compañía, una gran oportunidad para reconstruir mi vida, como cualquier otra mujer, en *esta oportunidad traigo a mi mente las palabras de una persona muy sabia, respetada y honorable "MIRE HIJA USTED TIENE QUE ENTENDER QUE GRACIAS A SU CARÁCTER Y TEMPERAMENTO USTED HA LOGRADO MUCHISIIIIMO Y ES MARIELA GUILLEN" donde quiera que vaya, por lo tanto, es el momento de darte una oportunidad y tener una relación, de tres ustedes dos aquí en la tierra y Dios Padre con ustedes allá en el cielo"...<<ANTES DE TEMER, AMA, AMA, CON MÁS FUERZA>> cree, cree ahora más que nunca, tienes que deshacerte de esa ropa vieja y malgastada, que usas, envuélvete en tu propia luz y vuelve con tu luz amorosa sin es... Pregúntate ahora si realmente conociste el amor sincero alguna vez... pues es ahora el momento de conocerlo, lo vas a vivir y lo más importante, vas a ser parte del amor más grande, el único amor eterno que existe... ese que sencillamente eres parte de ese AMOR, pues eres amor y te envuelves en el amor... en el amor sin límites, que esperan a los seres especiales como tú...*

Estas palabras me bastaron. Y A principio como el inicio de toda relación, si muy fuerte, mi familia toda en desacuerdo, lo tomaron como un escándalo por qué yo en mis condiciones no era posible.... Esta situación incómoda no fue por mucho tiempo. Finalmente recuperé el amor de mi familia. Dioooss como quiero a mis sobrinos, especialmente a unos que perdieron a su madre, siento que hay un magnetismo en esta

RELACION YO SIN HIJOS Y ELLOS SIN MADRE, igual voy de tiendas, me gusta viajar, ir al cine, igual pago electricidad, servicio de telefonía y cable, uyyy como me gusta hacer mercado.

Estar hoy AQUÍ como escritora, amiga, hermana, alumna y maestra aquí de este lado con mis limitaciones y dando mis testimonios de vida con el objetivo único de enseñar en este punto que tu felicidad eres tú.

Les digo con certeza que mi relación con Dios Padre está allí, latente hasta hoy hasta este momento... Mi Crecimiento Espiritual no requiere de Doctrinas ni Religiones, solo mi dirección y guía, mis conocimientos y sabiduría vienen del Silencio, de las lecturas Sagradas, meditando y escuchando la voz de mi corazón.

También debo referir en este punto que he sido galardonada con muchas recompensas, para extender aún más mi compromiso con cada uno de ustedes...

- *Me descubrí Escritora, tengo cuatro (4) libros*
- *1. El Milagro depende de ti, Momentos y Reflejos de luz para ti y La Palabra hablada...*
- *Me Postularon entre los 10 jóvenes sobresalientes de Venezuela a nivel regional para concursar fuera de Venezuela y aspirar a otros premios.*
- *Ganadora del Premio Toyp en la Categoría "Superación y Logros Personales" Organizado por la Cámara Júnior*

Internacional en Fukuoka Japón.

- *En mi haber he sido la fundadora del Periódico mi Grey boletín mensual comunitario bajo mi dirección y responsabilidad, el cual fue entregado posteriormente para otra misión y con otra administración.*

- *Actualmente doy conferencias y talleres de motivación por toda Venezuela*

- *Hoy día, puedo dar mi TESTIMONIO DE FELICIDAD CONMIGO MISMA CON MI PAREJA Y CON DIOS PADRE...*

7.- MI COMPROMISO...

Pero aquel hombre que mansamente se rinde ante su misión sin poner resistencia al fuerte viento de cambios que soplan sobre su vida, se doblega y pide al cielo: << Que es lo que debo aprender ante toda esta dificultad>>... Este es el tipo de hombre que atiende a las lecciones y aprendizaje en cada caída y en cada nuevo embate. Es el que luego de la tormenta se levanta con humildad y dice a su hermano: cuando vino la tormenta y creí morir, mí FE en mi misión y en el amor del Padre me alentaron y me dieron fuerzas, el calor en la noche y el agua al medio día me prepararon amorosamente en medio del vendaval para que hoy comparta contigo todo lo aprendido.

Es nuestra misión dar la mano a nuestros hermanos sin fijarnos en su aspecto, dar la mano limpia así no las ensucie, luego nos lavamos siguiendo nuestro camino sin pronunciar una sola palabra contra él. Pero si un hermano rechaza nuestra mano, retómala y nuevamente extiende con amor y bendice la lección que estas recibiendo de tu hermano y pregunta a tu ser: realmente he sido honesto, estoy realmente tendiendo mi mano desde el amor... no hay ser en todo el universo que pueda rechazar una mano extendida y llena de amor. Es el amor el gran lazo de unión que convierte a todos los hombres en uno. Pero con cuidado de no herir ni herirte a ti mismo por el rechazo... Debes cuidarte de levantar en vano un testimonio de censura contra él. Pues no existe ningún ser, cuyo pie esté en la tierra, que pueda tener poder para juzgar a su hermano. Solo se puede juzgar aquel que está exento de cometer el mismo error.

Hermanos, para nadie es secreto que el hombre comete siempre el mismo error, esto suele suceder por naturaleza, mientras que el aprendizaje de vida está sencillamente en reconocer sus faltas con plena conciencia y a la luz de su esencia y decir: es en esta parte de mí ser que aún no brilla la luz.

Es justo allí que debes llevar tu lámpara encendida, a la luz de plena conciencia y soplar con una amorosa fuerza el polvo que la opaca, llevándola a tu conciencia como un camino principal y finalmente hacerla poco a poco Luz en tu propia luz.

He aquí que el alma del hombre como un verde prado donde pasan tranquilamente ovejas y cabras de diferentes rebaños, solo un loco pretendería decir a la oveja y a la cabra lo que deben comer.

Así de esta manera las partes limpias de un hombre también conviven con las que faltan por limpiar, no hay forma de separarlas a menos de que las aceptes todas como partes tuyas y te dediques amorosamente con todo tu ser a reconocerlas y a llenarlas de luz hasta que sea tu alma, después de tan largo camino, solo un verde prado bajo una misma luz.

Ahora yo pregunto, como poder juzgar un hermano solo por sus partes oscuras habiendo aún tantas en nuestro ser, es el juicio de un hombre arma de doble filo que ataca y divide a los hombres de aquel que se cree con el poder de juzgar y castigar a sus hermanos. Es como un muro que donde quiera que llegues y se impone sobre aquellos que son sus hermanos. Es él y no el otro el que debe echar raíces al odio el que alimenta la separación. Quien es aquel que tan libre de mancilla el que levante su mano y decir, mirad que este hombre ha hecho mal, pues es él quien reconoce que ese mal, está presente en él mismo, has de saber que si censuras la envidia, es porque la envidia mora en ti, sin censuras el desprecio es porque el desprecio mora en ti, si censuras cualquier cosa, es porque ella y no otra mora en ti.

Cuidado, entonces en decir: por allí al que este hombre me ha hecho yo le condeno, pues no solo dañas a tu hermano con tu soberbia y falta de comprensión, sino que al mismo tiempo hieres, dañas y aniquilas la imagen del hermano que mora en ti y en consecuencia a ti mismo. Entonces debemos decir: hermano perdona en mi ser la ira que me ha hecho juzgarte, ven y hablemos entre ambos y en plena unión con el amor de Padre del cual ambos somos frutos, limpia en mi la herida de la ofensa y en ti la mano que me ofendió.

Una vez hecho esto bendice a tu hermano y parte, sin considerarte menos ni más grande que el hermano que acabas de dejar. Para el perdón no hay vencedores ni vencidos, solo hermanos, solo luz, así que cuando tu hermano que te ofendió se acerque a ti, no seas tú el que dé la espalda y sacuda las sandalias. Más bien si en realidad vives en la luz y en el despertar tiende tu mano desde el amor y bendice su mano por su regreso a tú vida. Pues si te aquietas y dejas su amor fluir sabrás que el Padre lo ha puesto en tu camino para que recibas su perdón y él entregue el suyo. De esta manera estarás recibiendo el don del amor, que no es otra cosa que el perdón.

::::::::::::::::::::::::::::::::

...UN GUERRERO NO TIENE MIEDO DE LLORAR...

::::::::::::::::::::::::::

IV PARTE EL MILAGRO DEPEDE DE TI...

ARTICULOS DE REFLEXIÓN Y AUTO-AYUDA
PREAMBULO

En ésta pequeña pero vibrante y sincera obra se encierra un gran significado. En su lectura podrás descubrir con más exactitud y sencillez, dónde se encuentran tus pensamientos, ideales, deseos y limitaciones, felicidad o desgracia, salud o enfermedad.

Pero la finalidad única es reflexionar sobre uno mismo y descubrir su temperamento especialmente el DON DIVINO. Ese Don que tenemos y no usamos. Esto es lo que la MENTE de cada ser humano puede abrigar.

Nuestro diario vivir se opaca o resplandece tal como si fuera una flor que tiene muchos misterios, si la observamos con detenimiento nos damos cuenta de que en ella se encierra un gran misterio, que nosotros no entendemos pero que ésta en nuestro medio de vida. De igual forma cada ser humano encierra un gran misterio y un poder infinito lleno de sabiduría, ayudado por los diversos recursos de la MENTE, pero lo peor es que no lo utilizamos y lo ignoramos. El creador nos ha dotado de tantos dones que no discernimos uno de otro, por el simple hecho de darle cabida a las limitaciones más comunes que nos destruyen como seres humanos. Si reflexionamos sobre estos dones de forma objetiva encontraremos resultados sorprendentes.

La intención que ha movido ésta obra no es otra que querer fijar un sendero único y una razón de vida inspirada siempre en la búsqueda de la verdad, sin críticas mal sanas hacia Ideales religiosos o creencias de grupos en particular.

La autora no pretende ser un ejemplo andante de espiritualidad hecha carne, menos una perfección.

Se trata de un personaje común y corriente con limitaciones y defectos iguales a todos, pero que solo busca levantarse de sus propios escombros y servir de guía al que viene detrás en busca de tranquilidad felicidad.

Quien comprenda realmente el mensaje de esta obra, puede afirmar que en él están sucediendo cosas maravillosas. Significa que se le están abriendo las puertas del cielo y que cada vez que descubra un don nuevo está más cerca de DIOS.

Todo este mensaje algunas veces lleno de dolor y sufrimiento, es el resultado de un cambio de vida total causado por un accidente automovilístico un día del mes de mayo de 1988, cuando muy sonriente y llena de salud, joven, estudiante y trabajadora, transitaba por una de las tantas avenidas que cruzan nuestra ciudad Maracaibera. Me convertí en una víctima más de la desidia, el alcohol y la imprudencia que además de accidentarme, me abandona tirada en el asfalto a merced de la buena voluntad de los demás.

Largos días en coma, inmóvil por la gravedad de las lesiones y con un diagnóstico de un severo daño cerebral, sin dar señal alguna de vida, mientras se esperaba de un momento a otro una noticia fatal.

Poco a poco, día tras día, la angustia y la amenaza de muerte se fueron disipando entre familiares y amigos. El MILAGRO se hizo y la ciencia logró salvar mi estado de gravedad. La incapacidad y limitaciones eran muy evidentes. Es a partir de ese entonces que comienza mi lucha y dedicación a la rehabilitación, además de larga ha sido muy dura esta batalla que aún no termina. He tenido mucha asistencia profesional y terapéutica, más la voluntad propia y el querer volver a la vida diaria y profesional que he tenido, muestran poco a poco el MILAGRO.... MI MILAGRO. Cierto que se han presentado dificultades por doquier pero la FE y la ESPERANZA de vida han sido mis mejores aliados a lo largo de todos estos años de lucha.

Actualmente existe una MARIELA GUILLEN con un nuevo objetivo de vida, pude culminar mis estudios en la universidad, he experimentado grandes cambios en mi vida, desde descubrir las bondades de mi Padre hasta entender el Plan de vida que tiene reservado para mí en ésta tierra.

La única clave ha sido descubrir y reconocer los DONES que me ha dado y mantener una comunicación directa en la oración y un sendero fijo en los deseos y metas, con la mirada fija en una sola dirección... MI PADRE AMADO...

1.- AQUEL 20 DE MAYO

Aquel día desperté, desorientada, sin entender nada, solo atinaba ver paredes tan blancas como frías, los huesos me dolían, eran otras luces, otros ruidos que no eran los comunes, no entendía nada, veía solo a una de mis hermanas mirándome, no puedo describir si eran mis ojos, los que brotaban en llanto o era ella la que lloraba, que con voz suave y muy cálida que me decía: " ...SUFRISTE UN ACCIDENTE AUTOMOVILÍSTICO" ...Aquellas palabras me sonaban tenues, llenas de calor que a gritos, pero en silencio (porque no podía hablar), pedía que me explicaran todo, pero ella insistía,... ¡no te muevas...!, fue terrible para mi entrar en razón y cuál era el motivo de estar allí, entre aquellas paredes tan frías de terapia intensiva.

Hoy, luego de transcurrido varios años, he sido sometida a innumerables tratamientos e intervenciones quirúrgicas, donde la ciencia médica y la ayuda terapéutica, de mis interminables terapias físicas, han logrado salir poco a poco, de esa situación de minusvalía e incapacidad física con severo compromiso de lenguaje en la que me encontraba, pero a lo largo de todo este tiempo, en mi vida han sucedido cosas muy extrañas, que por mucho que lo quiera explicar, son pocas las personas que entenderían. Cosas muy buenas y malas, entre unas y otras, solo me detengo a explicar o tratar de enseñar a mis lectores lo bueno de la vida, especialmente, el gran poder de la mente y la Gracia del Espíritu Santo, ese poder infinito que nos conecta directamente con Dios.

Hablar de mi vida, es afirmar los grandes descubrimientos que he podido experimentar, con la constante lectura de las Sagradas Escrituras (la BIBLIA), es que muy lentamente he podido desarrollar mi Crecimiento Espiritual y tener siempre un punto de vista diferente sobre todas las cosas.

Con este planteamiento, corro el riesgo, de que no entiendan lo que trato de decir, o que simplemente me vean como una persona diferente, pero si me arriesgo a decir el gran descubrimiento nada pierdo, por el contrario, segura estoy de que mucho puedo ganar.

Trataré de interpretar la óptica que mis seguidores le den a la lectura de ésta obra tan maravillosa que el Señor me ha permitido realizar, con el firme objetivo de enseñar sus BONDADES.

El poder estar con vida después de ese grave accidente fue la gran obra de Dios, mientras que estar viva a través de aparatos e implementos médicos fue solo un soporte, en mi estado de coma (inconsciente), durante este tiempo aproximado de un mes, hice grandes recorridos, por ese espacio infinito de mi MENTE y los cuales me acercaron cada vez más al creador.

Es cierto, que casi no se entienden éstas palabras, pero se continuará indagando más al respecto hasta llegar a un conocimiento pleno y personal, debido a que nosotros, los seres humanos obedecemos tanto a nuestro intelecto, hasta cierto extremo de ignorar o reconocer, el poder espiritual que mora en cada ser.

La lucha no ha sido nada fácil, pero por lo menos, he entendido mí realidad para poder exteriorizar mis sentimientos, aunque interiormente mí lucha continúa, porque mis pensamientos negativos y positivos siempre estarán presentes en mí.

De esta manera he podido darme cuenta de que la verdadera voluntad, el deseo, la identificación de mi carácter y mis debilidades en mis apegos, son los que permiten en mí, descubrir mi relación con Dios a través de la oración, hasta el momento no he cesado de descubrir las Bondades y Bendiciones que el creador derrama sobre mí. Es por ello que no me canso de repetir una y otra vez que se deben conocer estas debilidades para poder tener estos grandes descubrimientos y contar siempre con la fuerza divina para enfrentar todas las dificultades que se presentan en la vida de cada ser.

Para ello trato en lo posible, de hacer entender, muy especialmente a quienes se encuentran débiles de espíritu, que no hay de otra, que es uno mismo quién maneja la gran obra que Dios ha creado en cada uno de nosotros.

Es ésta la razón que me permite decir que algo sucedió en mi vida para manifestarlo de cualquier modo, hoy puedo afirmar que así fue y seguirá siendo eternamente, que me encuentro feliz, no importan mis condiciones y debilidades físicas, pero he logrado tanto, entre una y otras cosas, haberme levantado de un coma, luego de la cama, ir soltando aparatos de ayuda física, tratar de pronunciar palabras, poder terminar mis estudios en la universidad, volver a mis oficios laborales sin detenerme a pensar en mis limitaciones, muy especialmente descubrir esa MARIELA GUILLEN que estaba escondida, esa mujer emprendedora y sobre todo esa hembra que estaba dormida.

Así fue, allí en mi sufrimiento, en mis victorias, en tantas batallas ganadas, es donde renace la mujer que actualmente existe, una MARIELA GUILLEN con un nuevo objetivo de vida, desde experimentar grandes cambios de vida, hasta descubrir las Bondades de mi Padre Celestial y entender el Plan de Vida que tiene reservado para mí en ésta tierra. Así con ese cambio de vida total y radical, es donde se manifiesta y depende de MÍ continuar con el MILAGRO en mi vida, por estas razones es que puedo afirmar que de nosotros depende mucho el rumbo de ese Milagro que tanto anhelamos.

2.- HABLEMOS DE VOLUNTAD...

Lo esencial para hablar de voluntad es reconocer que todos contamos con suficiente energía en nuestro organismo para vencer todas las dificultades que se nos presente en la vida. No hay persona alguna que carezca de ella, unos la tenemos más desarrollada, mientras que en otros más activa, pero todos la tenemos. Hasta las acciones que nos parezcan mecánicas proceden de la voluntad, por lo tanto sin ella no viviríamos.

Quien tiene hambre no come si la voluntad de comer no lo impulsa a tomar sus alimentos. De igual manera le sucede a quien se encuentra enfermo, permanecerá en una cama hasta morir si la voluntad no le mueve a levantarse y a luchar contra el mal que padece.

Ocurre con la voluntad lo mismo que con la fuerza física con todas las condiciones naturales: se tienen que desarrollar, esta es la razón por la que en u gimnasio el ejercicio continuo le permite a un hombre débil desarrollar una fuerza portentosa y la conquista de una agilidad sorprendente, esto significa que para tener una buena voluntad se requiere de un desarrollo de la fuerza que solo depende de la MENTE y cubierta por una FE pura íntegra y sin dudas. Para ello es necesario emplear toda la energía que el ser humano posee sin permitir que el temor y la duda lo puedan vencer.

Por muy prodigiosa que parezca esta tarea, yo les puedo asegurar que si se puede realizar, claro, entendiendo que será un trabajo duro, pero con esfuerzo constante se consigue.

Con mucha confianza seguridad en nuestra habilidad, la voluntad siempre va a permitir que el hombre triunfe. Por lo tanto, la confianza en sí mismo, el valor, la decisión y el esfuerzo constante serán factores determinantes en la voluntad de cada ser humano.

Con estas cualidades bien cultivadas y unidas unas a otras, afinadas día por día, avanzando paso a paso, abandonando las tinieblas y encaminándonos hacia la luz se abrirán ante nuestro ser nuevas perspectivas de sinceridad paz que nos conducirán finalmente al éxito. Quien no se crea esto, le recuerdo que la voluntad activa, no es otra cosa que la fuerza con la que se vencen todas las dificultades de la vida, tanto internas como externas.

Así pues venciendo la tendencia, defectos y vicios podemos adquirir una voluntad enérgica, según nuestro propósito y nos daremos cuenta que nos llevará al intento de lo que antes nos parecía imposible. Es necesario educar y ejercitar la voluntad si se quiere tener éxito en la vida.

3.- CONOCIMIENTO DE LA VERDAD Y LA LIBERTAD...

"Tú sabrás la verdad y la verdad te hará libre"

Para empezar que es la verdad? A qué se refieren cuando nos hablan de esa verdad. Realmente todas nuestras enseñanzas, giran en torno a una verdad y cristianamente hablando, este es el Plan de Dios para nosotros a lo que debemos entender como la igualdad de todos y cada uno de nosotros, Teniendo el hombre pleno derecho a ser FELIZ y dichoso, sobre todo conquistar el cielo con sus virtudes de generosidad.

Jesús declaró que *"tú sabrás la verdad y la verdad te hará libre"* Él tenía una comprensión tan perfecta de la verdad, que le daba dominio absoluto y le permitía curar enfermedades de toda clase, también resucitar a los muertos. Dios nunca ha conferido Dones especiales o pasajeros a nadie. El da a todos por igual a quien quiera aceptarlo y quiera comprender. El requisito es tener una *mente bien abierta y el deseo de comprenderlo, nada más. Para obtenerlo debemos tener dominio sobre sí mismo. El sentido cristiano nos revela que la espera para que el hombre abra su corazón, no ha de ser un rival con quien competir, sino a un hermano fraternal y saber perdonar. Pero todo lo que sale de la mente y del corazón, queda grabado y deja huellas. Los pensamientos, sentimientos y palabras son entidades que vibran, tienen forma de vida. Tu cuerpo está sano o enfermo dependiendo de las imágenes que guardes. Generalmente el hombre es prisionero y esclavo de las virtudes que lo diferencia de los demás hombres. Para que el hombre no sea prisionero ni ciego ante estas virtudes se requiere de una lucha constante y dura contra el maligno que lo tiene prisionero y a su atojo.*

El conocimiento de la verdad solo se puede conseguir con la búsqueda del dominio propio, a través de una iniciativa particular de la inteligencia profunda del hombre (no se confunda con el intelecto) y con una lucha dura profunda contra sí mismo. Realmente la libertad es una cuestión y lucha interna, de nunca acabar. Muchas personas se ven libres exteriormente, pero interiormente en realidad no lo son. Los pensamientos y sentimientos negativos que le persiguen y que no tienen ningún poder ni voluntad para deshacerse de ellos y le priva su libertad.

Todos nosotros tenemos una fe oculta y el dominio de las enfermedades, eso es lo que combinado con el miedo nos hace asociar ciertas enfermedades con ciertas circunstancias. Grabemos en la mente la idea perfecta de la salud déjala que use la verdad como modelo. Todas las formas de enfermedad son el resultado del pensamiento erróneo. La ley fundamental para tener salud y vida se cumplirá cuando comprendamos esa verdad. Podemos adquirir una salud perfecta, sabiendo que hay una sola idea correcta en cada órgano del cuerpo. Por eso bien vale la pena cuidarnos mucho de lo que pensamos, decimos, actuamos y sentimos. El hombre debe tener siempre muy claro que nada pasa desapercibido, menos en el plano espiritual.

Les recuerdo a todas aquellas personas que se encuentran desanimadas, por falta de afectos y comprensión, que en ésta vida tenemos todo el derecho de ser FELICES y buscar un tesoro en el Reino de los cielos.

:::::::::::::::::::::::::::

HAS DE SABER QUE EL MAESTRO NO ES EL DUEÑO DE LO QUE ENSEÑA, HAS DE SABER QUE EL MENSAJERO NO ES EL DUEÑO DEL MENSAJE NI SU NUEVA ALIANZA, NI EL SANADOR PUEDE MANIPULAR LA SANACIÓN, TAMPOCO EL CONSOLADOR ES DUEÑO DEL CONSUELO, EN FIN MI DEBER ES LLEVAR EL MENSAJE PARA QUE SEA EL MENSAJE DE TODOS

:::::::::::::::::::::

4.-HABLEMOS DE LA FELICIDAD...

Hermano mío, mi discípulo, mi seguidor, tenemos una tarea más, una misión para extender nuestros conocimientos... a veces la duda en cuanto a la felicidad nos asalta y amenaza nuestros pensamientos, entonces recorremos el mundo en busca de una felicidad que está siempre allí al alcance de tu mano.

La respuesta más común a estas inquietudes e interrogantes es: "Quiero ser feliz." Entonces me pregunto: - ¿será que hemos estado buscando la felicidad en lugares equivocados? Estoy convencida de que todos tenemos la capacidad de ser felices. No importa el dinero que tengas o no tengas, no importa el tipo de trabajo ni el lugar donde vivas. Cualesquiera que sean tus circunstancias presentes, tienes en ti mismo, no sólo el poder de ser feliz, sino el poder de experimentar una felicidad, muy propia. La Felicidad no es sólo librarse de la depresión y del dolor, sino que más bien consiste en una sensación de alegría, de contento y de maravillado asombro ante la vida. Esto no significa que sea posible, ni siquiera deseable, vivir en una alegría continua; hay momentos en los que nuestras vidas se ven afectadas por tragedias y pérdidas personales y es totalmente natural sentir tristeza, pena y decepción. Pero hay diversas formas de hacer frente a tales experiencias y con mucha frecuencia, los obstáculos y las adversidades de la vida podemos convertirlos en triunfos. Al contrario de lo que ocurre en la mayoría de las parábolas, esas breves narraciones o relatos, pero que son una manera de expresar una verdad, por lo general una verdad espiritual. Todos los personajes que aparecen en este libro están basados en seres reales, pero el personaje principal soy yo, la autora, con todos mis conocimientos y experiencias en el relato de mi historia antes y después del accidente automovilístico, muy especialmente todas mis vivencias de dolor, sufrimiento, victorias y decadencias.

Por supuesto, he modificado algunas circunstancias tratando de mejorar la narrativa y de mantener la privacidad en algunos relatos y anécdotas, espero que estos relatos te ayuden y te inspiren a seguir adelante, con mis reflexiones y autoayuda, a experimentar las bendiciones de la Felicidad.

Todo comenzó una fría y húmeda tarde del mes de mayo, mientras transitaba por una de las avenidas principales de mi ciudad Maracaibera del estado Zulia Venezuela, luego de la faena de estudios y del trabajo. Pasaban ya de las ocho de la noche de ese día viernes. El cielo había estado cubierto e iluminado por un hermoso sol y su implacable calor marabino durante todo el día, sin embargo la decisión de ir a visitar mi secretaria a la clínica, fue sin marcha atrás, sin saber que ese sería el lugar donde comenzaría una nueva vida para mí. Los pensamientos que ocupaban mi mente fueron de pronto interrumpidos por una canción que surgió de la radio del coche. Era una canción muy sencilla y la cual cantaba a toda voz. No tenía carencia alguna: mi salud era normal, tenía un buen trabajo y cursaba estudios superiores, de algún modo lograba siempre pagar mis cuentas e incluso guardar algo de dinero para pequeños lujos. Tenía un buen grupo de amigos y una familia envidiable.

Mi cambio de vida fue radical y a pesar de todo ello, de superar estas etapas de incapacidad, internamente me sentía vacía, como desilusionada con la vida. Algo me faltaba, pero no sabía qué. Todo lo que sabía es que en mi vida faltaba algo. Había muchas palabras que hubieran podido servir para describir mi afán de querer vivir la vida, pero definitivamente "feliz" no era una de ellas, mi andar era en una "tranquila desesperación," pero al pensar que cada día, desde el principio al final, era una lucha; y un día detrás de otro, con las mismas frustraciones y el mismo stress. No pude evitar pensar que mi vida había entrado en un círculo vicioso de monotonía. ¿Dónde habían ido a parar todas las esperanzas y los sueños de la adolescencia? ¿Dónde estaba la pasión y la alegría que conocí siendo niña? ¿Cuándo empezó a convertirse todo en una aburrida lucha? Había leído muchos libros en donde ciertas filosofías religiosas enseñan que la vida es una lucha continua, pero no podía aceptarlo. "Estoy segura," me dije a mí misma, "que en la vida debe haber algo más que todo esto." De pronto me sentí confundida, perdida, como atrapada en un gigantesco laberinto, sin saber cómo había llegado hasta él ni cómo podría salir.

En aquél punto algo interrumpió otra vez mis pensamientos, pero un día, decida a Triunfar salí y al hacer mis reflexiones y darme mis propias respuestas, también me surgían otras interrogantes: "¿Para qué todo esto? ¿Para qué?" Por supuesto no tuve respuesta alguna. Ni me las esperaba tampoco. Lo único que llegó a mis oídos fue el zumbido de los coches que pasaban veloces por la calle. Cansada, con calor y mal humor, En absoluto era consciente de que este suceso sería el comienzo de uno de los cambios más profundos que iba a experimentar en mi vida. Si hubiera podido saber, ni siquiera imagina lo que me esperaba, sin duda alguna – años después lo puedo confesar, porque ya lo interpreto tal y como era el mensaje, lo puedo confesar abiertamente – sonreída, sintiendo la presencia de aquel hombre en mis sueños durante mi estado de coma y gracia. AQUEL ENCUENTRO... Donde recibí mensajes de reflexión y autoayuda para mí y para todos mis seguidores, enseñanzas que han sido mi punto de partida, muy necesarias para mí fortaleza espiritual y física esos mensajes de *aquel hombre presente en mi sueño, muchos fueron los meses en cama, tratamientos médicos, intervenciones quirúrgicas, terapias físicas y de lenguaje, mucha disciplina y voluntad, atención, observación y aprendizaje, para entender lo que arrastraban mis pies, mis hombros y mi corazón, donde finalmente descubrí que era demasiado grande el amor y aun llena de gozo recuerdo sus palabras: – <<No hace falta que te preocupes tanto, no hay nada imposible. Menos eso que te preocupa. – >> y si me lo permites te diré que la vida es demasiado corta para malgastarla preocupándose. Simplemente te demuestra que tu vida es preciosa, demasiado preciosa para malgastarla siendo infeliz. La vida se hizo para vivirla. Cada día debe ser una alegría, no una lucha. Todo depende de las circunstancias. Las cosas que le ocurren a uno es lo que le hace ser feliz o infeliz, la felicidad dependerá sólo de las circunstancias, continúan mis preguntas: ¿No entiendo cómo es que otra persona puede experimentar exactamente las mismas tragedias y reaccionar de un modo totalmente distinto? pero te cuento que entre tantas historias y anécdotas las dos personas más afectadas que resultamos del mismo accidente, si el otro está vivo, pero siempre sumido en la depresión, mientras que yo la otra persona, estoy y estaré siempre contenta y feliz.*

– El otro, ese mi hermano, deprimido siempre amargado, desequilibrado mentalmente, divorciado, abandonó sus estudios, preguntándose por qué le había tenido que ocurrir aquello precisamente a él, mientras que yo daba gracias a Dios por seguir todavía con vida. Como dice el poema: "Dos hombres miran tras las rejas, uno sólo ve barro, el otro ve estrellas." Yo no creo que las circunstancias, cualesquiera que éstas sean, tengan poder alguno para hacerte feliz o infeliz.

Tu opinión y sólo tu opinión sobre dichas circunstancias, es la que condiciona tu estado de ánimo. ¿Quién es más feliz, el que ve su botella medio vacía o el que la ve medio llena?, siempre hay algo que nos puede hacer felices. Realmente crees que el dinero da la felicidad... Podrás estar en un ambiente más confortable, pero te sentirás exactamente como si no tuvieras nada. Si el dinero diera la felicidad los millonarios serían las personas más felices del mundo, sin embargo todos sabemos que los ricos sufren la infelicidad y la depresión igual que los pobres. El dinero sólo puede comprar posesiones materiales, pero eso no son más que distracciones temporales, que no te pueden dar ninguna felicidad duradera.

Muchas personas consumen su vida entera buscando la felicidad sin encontrarla nunca, simplemente porque no miran en el lugar adecuado. Nunca podrás ver una puesta de sol si estás mirando hacia el Este y nunca encontrarás la felicidad si la buscas entre las cosas que te rodean. Este relato te enseña que la felicidad no depende de lo que cambies en tu vida... salvo que te cambies a ti mismo.

Los vientos y las tempestades – los desastres naturales y las tragedias personales – vienen y van, pero mientras tú controles tu timón y tus velas, podrás ir donde te plazca, independientemente de las tormentas y de los vientos. De hecho, las tormentas y la lluvia pueden enriquecer la vida, todo depende de cómo las vea uno. Las tormentas limpian el aire y traen la lluvia, ¿qué sería de la vida sin lluvia? Sin ella no habría crecimiento. Ni riqueza, ni arco iris. Las tormentas traen vientos y si sabes manejar bien tu barco, siempre podrás utilizar la fuerza del viento de forma ventajosa. Todo cuanto ocurre tiene una finalidad, un motivo y una lección que puede enriquecer nuestra vida. Muchos se *arrastran por la vida, esclavos de las circunstancias y a merced de las tormentas y de los vientos, simplemente porque no se han dado cuenta de que disponen de un timón y de unas velas y por supuesto no saben cómo manejarlos. Han olvidado cómo se maneja el barco y echan la culpa al tiempo. No se dan cuenta de que, cualesquiera que sean sus circunstancias, pueden elegir ser felices. Las personas que estamos en condiciones especiales, inválidas, ciegas, sordas o mudas, somos felices porque así vivimos la vida igual al resto, vamos de compras, vamos de viaje, en fin te hablo de las personas que descubrieron su lado positivo, así como yo lo he descubierto, por eso mi sonrisa y mi alegría, porque estoy viva y respiro, solo eso es suficiente.... Sé que te parecerá raro que alguien que tiene menos ventajas que tú en esta vida sea feliz, mientras tú no lo eres, sin embargo esa es la verdad. La felicidad es uno de los grandes dones de esta vida y está al alcance de todos. Pero ¿sabes?, **la felicidad no se encuentra, ¡se crea!** Cualesquiera que sean tus circunstancias, tienes en ti mismo el poder y la capacidad de crear tu propia felicidad. Desde el movimiento de las mareas hasta la salida y la puesta del sol o las estaciones del año. Todo en la Naturaleza está gobernado por leyes. Mis investigaciones me refieren que algunas civilizaciones pasadas, en su búsqueda de la felicidad comenzaron a desechar estas leyes y con el tiempo llegaron a olvidarse totalmente de ellas, mientras grupos que ha permanecido fiel a ellas son felices.*

:::::::::::::::

EL SECRETO DE LA FELICIDAD ES TU ACTITUD ANTE CUALQUIER CIRCUNSTANCIA... TU FELICIDAD ERES TÚ MISMO...

:::::::::::::::::

5.- *TÚ MENTE ES UN TESORO DIVINO....*

Para aquellas personas que no comprenden los grandes recursos de la MENTE, podrán tener en estas declaraciones una reflexión que sin lugar a dudas podrán a prueba que en nuestra MENTE hay unas profundidades y unos depósitos ocultos de iniciativas de valor y de habilidades.

Al igual que escalar una montaña o explorar un campo, siempre encontraremos grandes tesoros y al traerlos a la superficie nos damos cuenta de que poseemos un gran don y un poder inmenso sobre el dominio y control de sí mismo.

Este descubrimiento y ese tesoro que acabamos de adquirir es simplemente el querer y el ser, el querer obtener lo que anhelamos. Todo lo que queremos ser vive dentro de nosotros y lo más importante es que cuenta con la venia de Dios Padre, pero cuidado con mal interpretarlo o equivocarnos, en nuestras manos está ponerlo a trabajar, por supuesto, tenemos que saber cómo hacer eso, pero antes de creer y entender que poseemos un Don Divino por consiguiente, debemos familiarizarnos con él y entender que es un territorio bendito (Deut. 2 31, 32 12-13.), Para empezar tenemos que ver el cuerpo como una máquina que la MENTE usa, también que es un motivo por el cual hay tantos seres humanos destruidos porque solo usan una energía superficial.

Todo se puede hacer y todo se puede vencer, tomado como base de apoyo la FE sincera y la esperanza de tener una gran victoria. (1 Jn 5. 4, 1Cor. 16, 13)

Dentro de nosotros se encuentra toda esa fuerza irresistible con la cual se puede llevar a cabo actos que dicta el corazón y que llenan de entusiasmo el espíritu.

Recordemos esto, lo universal y lo divino, no tienen límites, abriga ese deseo humilde en armonía con tu mete. Todo lo que se debe hacer es guardar ese deseo en el pensamiento y fabricarle una forma visible en la imaginación, siempre firme y sincera.

Descubre la luz que hay en medio de esas tinieblas, conoce el secreto que hay dentro de ti y revela las maravillas infinitas que puedes gozar; solamente en el sufrimiento vas a encontrar la repuesta a muchas cosas que no entiendes y vas a descubrir el significado de ese pequeño rayo de luz que alumbra para ti mismo. (Mat. 10 26-27)

6.- SI TIENES DESEO TENDRÁS VICTORIA...

Descúbrete, no te de miedo tu vida está cansada de las privaciones de la vida diaria, de los días, que nada producen, de las penas y sufrimientos que parece ser el destino del hombre sobre la tierra. ¿Qué es lo que deseas por sobre todas las cosas?

No importa lo que sea, puedes tenerlo todo con intensidad, con propósito firme y sincero, puede ser tuyo. Pero lo esencial, lo más importante es saber lo que deseas, formar en tu MENTE una idea clara y precisa.

Por extraño que parezca, muy pocos saben lo que quiere, la mayor parte de la lucha la hacen de una manera vaga, como si estuvieran esperando que algo apareciera. Es necesario tener bien claro lo que quieres para poder obtenerlo. Tienes en tu mente un tesoro Divino y si no te dejas controlar por ese Don, no creas que vayas a poseer lo que quieras. Tienes que exigirlo, visualizarlo, hacerlo una realidad, porque es tu MENTE, el tesoro Divino el que puede darte ese poder, sobre todas las cosas y bajo cualquier circunstancias, bien sea salud o felicidad, todo lo que necesitas es un deseo intenso sincero.

Hay siempre algo dentro de ti que te hace desear cosas mejores, que no te dan un momento de Paz. Ese "algo" que repite sin cesar que puedes hacer todo lo que quieres ser y tener, siempre con la Gracia legal de nuestro Padre. Efec. 1, 7-9

Ese "algo" dentro de ti, es parte de la mente, es ese Tesoro, Don Divino o Gracia Universal, que los hombres llaman ambición. Feliz el hombre a quien la Gracia Universal le guía a través de la vida. Feliz tú si esa gracia universal es tu guía, te hará salir adelante hasta que triunfes. Te hará correr, trabajar y siempre avanzar. Es de ésta manera como debemos ser guiados. Es nuestra

MENTE la que trabaja en los cerebros de los hombres la que hace que el corazón palpite más de prisa, con la sola idea del éxito.

Aquellos que están destinados a ser los grandes hombres del futuro, cuando casi todos nosotros seremos menos, son aquellos a quienes ésta Gracia Universal está guiando de una manera sorprendente a través de todas las tormentas de día de noche.

Feliz tú si estás enganchado a la Gracia Divina. Supongamos que has tenido fracasos y desilusiones, pero no hay obstáculos que no se puedan abordar, cruzar o saltar, si dependes de esa habilidad que reside en ti, así podrás vencer todos los obstáculos.

Recuerda esto: no hay situación tan desesperada ni vida tan avanzada que tu Gracia Divina, no pueda redimir. Cada situación adversa es falta de algo, es simplemente una falta de luz y te darás cuenta que la oscuridad no existe o desaparece instantáneamente. De la misma manera que la pobreza es la falta de abundancia, es necesario que sepamos encontrar la abundancia espiritual.

No habrá nada que nos pueda vencer si estamos guiados por la Gracia Divina, sólo tienes que adquirir algo, nuestra MENTE es un Don Divino que nos muestra el camino y podemos obtener todo lo que deseamos.

7.- LA ORACIÓN... EL DESEO Y LA RECOMPENSA...

Tenemos la vida llena de deseos, deseamos moderadamente ser ricos, tener un empleo, influencias, responsabilidades y poder viajar a voluntad, nuestros deseos son tantos y tan variados que nos contradecimos y nada producen, es porque, simplemente que nos falta el deseo mayor, el que hace subordinar a todos los demás, realmente tenemos que concentraros en una sola idea, abriguemos en la MENTE lo que más queremos, afirmar y creer que existe. Voy a repetir las palabras de JESUSCRISTO "Todo lo que orando pidieras, créelo que lo tendrás" y de nuevo digo, creed que lo tendremos.

La MENTE es susceptible a todas las sugestiones, si podemos en verdad creer, que hemos recibido algo, tenemos que grabar en la MENTE esa idea y todo el Poder Divino responderá a todos nuestros deseos, en proporción humilde y exacta a nuestra FE.

La mayor parte de los hombres viven su día en una misma rutina, sin ningún deseo definido, más que la vaga esperanza de que la fortuna toque algún día la puerta. La fortuna no es así, ni llega de esa forma. No hay nada más verdadero en ella que la lucha diaria, ya que si aparece en forma fácil y placentera, de igual forma se acaba. Tu puedes tener todo lo que quieres, si el deseo es suficientemente intenso, se puede lograr nuestro anhelo si solo abrigamos un único deseo y bien definido, en nuestra MENTE hasta verlo hecho realidad.

Si seguimos estas reglas nuestra vida entera cambiarán, nuestras dudas desaparecerán y serán reemplazadas por la seguridad y la paz. Tendremos amor, amistad, compañerismo y lo más importante, nuestra felicidad.

Todas las posibilidades de la felicidad están allí siempre disponibles... es la puerta abierta de la vida de todos nosotros, es la parte de gran valor, es la compresión del dominio propio, y la convicción de que podemos hacer todo lo que anhelamos. Dios y bien son sinónimos y Dios bien sólo está ausente para quien crea que está ausente.

Las oraciones que hacemos sin FE niegan la promesa, por tanto debemos guardar en nuestra MENTE, salud, prosperidad, felicidad, humildad para que cuando despertemos veamos nuestros más ardientes deseos recompensados y hechos realidad. (Marc. 11,24)

8.- UNA CONQUISTA DIFICIL...

La fuente y el poder creativo del hombre está en su imaginación, ésta nos eleva sobre el nivel de los demás y nos da dominio propio, éste es el poder de formar imágenes dentro de nuestro ser. La imaginación nos permite ver a través del aspecto de una cosa, lo que esa cosa realmente es. Ciertamente que podemos hacer grandes imágenes mentales suficientemente claras, mirando los detalles y el poder que tenemos en la MENTE se encargará de hacerlas realidad. Hay que cerrar los ojos y formar imágenes mentales, pero tratar de hacerlas tan reales como sea posible, en otras palabras soñar pero sueños con propósitos firmes. Concentrarse en una idea y continuar concentrados en ella hasta verlas realizadas en nuestras vidas.

Si podemos formar en nuestra mente lo que realmente queremos con todos sus detalles, solo debemos tener presente que el único límite somos nosotros mismos. Solo debemos mirar a lo alto y tocar la luna, sino la tocamos tengamos la seguridad de alcanzar una estrella. Todos reconocemos que el firmamento del mundo fue creado, por lo más universal y sublime. Esta misma universalidad es la fuente de poder que atrae todo lo que necesita para el desarrollo armónico de toda materia viva.

Somos unas creaturas inteligente y racionales, por lo tanto la mente es una parte que necesitamos para un desarrollo perfecto. Debemos tener presente que a quien le debemos la vida y no ser mezquino, debemos ofrecer todo nuestro ser.

No importa lo que pidamos si lo pedimos con AMOR y FE... El Espíritu Santo lo dará, debemos pedir mucho, formarnos una imagen mental clara y precisa y siempre habrá una forma de satisfacer ese deseo. Al hacer este paso la casualidad llegará y todo será más fácil. De ésta manera se van a dominar todas las experiencias que nos presentan la vida, todos nuestros pensamientos y circunstancias y vamos descubriendo esa gran realidad de vida. El mundo se ha vuelto vano, por lo tanto, buscamos el alivio en lo material. El crecimiento material es la única marcha hacia el progreso verdadero y con la gracia de Espíritu Santo, sin emitir juicios ni teorías vanas, sino la demostración de lo que es real. Es por causa de la imaginación que siempre se tiene un efecto visible; y este efecto visible nos va a generar otra causa.

::::::::::::::

NADIE LOGRA MENTIR, NADIE LOGRA OCULTAR NADA,
CUANDO SE MIRA DIRECTO A LOS OJOS...

::::::::::::::

9.- COMO PIENSA UN HOMBRE...

En los días de nuestros abuelos se creía poder producir, buena o mala fortuna, salud o enfermad, todo estaba fuera del dominio del hombre, se buscaba, y aún se sigue buscando, ayuda en brujos y hechiceros, en los videntes y parasicólogos, en aquellas personas que dicen leer las cartas y el tabaco que simplemente son curanderos tradicionales, los llamados Babalaos y /o santeros, aquellos que creen tener dones o poderes sobre naturales que los hace diferentes de los demás hombres, sin saber o por desconocer que la gran diferencia no existe, ya que todos sin distingo alguno somos, estamos llenos del Poder y la Gracia de Dios y del Poder del Dominio de La MENTE.

Ahora nos reímos de supersticiones tan infantiles, pero aún en nuestros días hay tan pocos que comprendemos que las cosas que se ven realizadas son tan solo efectos. Somos muy pocos quienes tenemos la idea clara de que son las causas las que generan esos efectos. Cada experiencia humana es un efecto, nos reímos, lloramos, somos felices o desgraciados, todos somos motivos de un efecto donde la causa de cada uno solo puede encontrarse en la respuesta, el mundo exterior es un pequeño reflejo del mundo interior, ya que grabamos pensamientos desastrosos en la MENTE y el poder de la MENTE misma se encarga de hacerlos realidad, aun cuando tomemos todas las precauciones posibles, la imagen mental es la que cuenta, sea para bien o sea para mal, ella es una fuerza benéfica o fatal.

Las cosas que ocurren en el mundo material no son en sí mismas ni alegres ni tristes. Son nuestros pensamientos los que le dan color, y podemos colorear esos pensamientos de acuerdo con nuestros deseos. Podemos hacer que el mundo exterior sea solo un reflejo de nuestro mundo interior, Del deseo depende la fuerza que sujeta por completo el dominio de la MENTE.

*No podeos cambiar nuestras experiencias pasadas, pero si podemos escoger las futuras y reconstruir el muño de mañana **sin ayer y solo vivir el presente,** todo con esperanza y FE en el que todo lo puede, porque los pensamientos son las causas y las acciones los efectos.*

Un hombre puede ser sano o enfermo, feliz o desgraciado, fuerte o débil, en la proporción en la que tenga sus pensamientos, sobre salud o enfermedad, fuerza o debilidad, nuestro cuerpo como todas las otras cosas materiales, manifiestan todo lo que nuestra mente abriga.

Esto se demuestra cuando un hombre de carácter fuerte e intolerante, tiene facciones duras y repulsivas. Mientras que un hombre de carácter dulce y sereno tendrá un aspecto tranquilo y atractivo, porque todos los órganos de su cuerpo, responden de igual manera por orden de su pensamiento.

Cada uno de nosotros se hace su propio mundo y lo hace por medio de la gracia del Poder de la mente y con la entrega al Espíritu Santo.

El ser humano se puede hacer a sí mismo utilizando ese poder divino de la MENTE y sus pensamientos. La vida ordinaria y animal está definitivamente dominada por la temperatura, por el clima o por las estaciones del año. El hombre es el único que se ha podido liberar en gran parte del dominio de las fuerzas naturales por medio de su comprensión, en la relación causa y efecto. No hay inteligencia humana que sea malgastada. Ella es como la energía electrónica, pero en forma de piedra, de hierro, de madera o de carne.

Todo está formado de energía, de sustancia universal, en la que la mente da forma material. Cuando alcancemos esa comprensión, dejaremos de abrigar esos temores, entonces sabremos que la MENTE crea vida, que la muerte es solo una falta, una ausencia, de la vida misma. No hay principio sin fin, entonces por qué buscar respuestas más complejas, a las que el Poder divino nos regala.

:::

*...UN GUERRERO MANTIENE EL BRILLO DE SUS
OJOS
Y UNA SONRISA EN SUS LABIOS...*

:::::::::::::::::::::::::::::::::::::::.

10.- HABLEMOS DE LA MALA SUERTE....

¿Crees que la mala suerte se ha detenido alguna vez a tu puerta, te parece que está en tus enfermedades, en tus penas y en tus desgracias? Si te parece que es así te interesará saber que tú fuiste la causa, porque tu miedo fue el poder creativo, en su forma más NEGATIVA.

La causa verdadera de todas las enfermedades, es el miedo porque es simplemente una imagen externa del pensamiento. Hemos visto como el miedo causa la palidez, porque detiene, o precipita los latidos del corazón, el miedo cambia las secreciones e interrumpe la digestión. El miedo pone líneas en la cara y encanece el cabello. La MENTE domina todas las funciones del cuerpo, por lo tanto, si el pensamiento que prestamos a la mente es el miedo, a la enfermedad, rápido se harán presentes en nuestro cuerpo. Porque el cuerpo mismo es el que recibe las órdenes, si le quitamos la MENTE al cuerpo, veremos que es tan inerte, tan insensible como cualquier perol, todas las funciones del cuerpo, de los latidos del corazón, hasta las secreciones de las glándulas, están determinadas por la MENTE.

La digestión de los alimentos, son una función en la MENTE como los movimientos de los dedos, por eso lo importante no es la clase de alimentos que pones en el estómago, sino, lo que la MENTE decide que nos va hacer daño.

Cuando comprendemos que no son nuestros músculos, los nervios o los huesos, sino que simplemente es la MENTE la que nos enferma no podemos permitir en nuestro cuerpo, lo que no queremos ver en él.

Amigos la Biblia contiene una exhortación constante para disipar el miedo. Por lo que desde el principio hasta el fin nos dice "...NO TEMAS..." El miedo es la causa principal de todos los males del cuerpo, por eso Jesús nos repite "... nada temas... no tengas miedo"... Es verdad que siempre hay que luchar en la vida, pero luchemos solo para vencer las dificultades, la fuerza de los pensamientos bien concentrados, los hará real.

Repito, hay que mantener pensamientos, sobre las cosas buenas. Sobre las condiciones que quieras ver realizadas, pensar en salud, en felicidad y rechazar todos los pensamientos de enfermedad, de miedo, de pena, porque el miedo y la pena están contraindicados y son causas de todo tipo de enfermedades.

Nunca debemos pensar en el peligro, el desastre o en el fracaso, sino quieres que esas condiciones se manifiesten en la vida. No podemos temer al futuro si nos convencemos de que todos los movimientos y actos están de acuerdo con los ideales de la MENTE.

Si todos nuestros pasos van hacia adelante, todos nuestros pensamientos se cruzarán en el océano infinito, de salud paz y felicidad, que es el gran poder de la MENTE.

::::::::::::::::::

*APARTA A LAS PERSONAS QUE ABRIGAN
UNA ACTITUD NEGATIVA EN LA VIDA...*

::::::::::::::::

V PARTE COMPENDIO DE ARTÍCULOS

REFLEXIÓN Y AUTOAYUDA
EL PODER DEL PENSAMIENTO...
1.- LA FUERZA DE TUS IDEAS...

Un pensamiento bien nutrido de ideas y representaciones mentales, hace la diferencia entre personas, de manera desinteresada, sin excepción de individuos, y sin perseguir recompensas, ésta es la clave esencial para trascender al plano espiritual, para lograr esto, se requiere de pensamientos positivos y tolerancia con los demás, conocer y respetar las creencias de los otros. La verdadera religión es la del corazón, pero cuidado no quiero decir con esto, que e s la que nos conviene para vivir la vida. Debemos aprender a discernir entre lo que se quiere y/o la felicidad y el bienestar de los demás. Es ésta la que nos lleva al prójimo, a la fraternidad, a la ayuda, la esperanza, la caridad y la justicia. En consecuencia cualesquiera que sean nuestros ideales, debemos orientarlos a que sean frutos de amor, perdón, tolerancia y justicia divina.

De esta manera entendemos que el pensamiento es uno de los principales poderes del hombre, éste hecho maravilloso del Creador, sabio e infinito, es para que comprendamos y hagamos uso de ese PODER, de ésta manera vamos a comprender el porqué de los MILAGROS.

El pensamiento ésta inspirado en el grado en que comprendas que la presencia de la MENTE, es todo y al confiar proporcionalmente en ella, todos tus pensamientos cambian grandemente.

Todos los esfuerzos sinceros, no importa, lo insignificantes que sean, llevan consigo la inspiración, puesto que por la misma naturaleza de poder, es universal.

Puede ocurrir que pienses que tenemos menos poder que los demás, pero es porque no desarrollamos los dones que el Creador ha otorgado a cada uno. Podemos aprovechar esos poderes y esos dones, cuando estemos envueltos en una dificultad, debemos cerrar los ojos por un momento y comprender que allí está nuestra MENTE. Ese poder divino capaz de interpretar lo que necesitamos saber y la solución llegará en su momento.

Ahora vamos a pensar en cuantas situaciones nos hemos visto, hasta el extremo de que pasa algo que no podemos resolver y de pronto nos damos cuenta que ya lo podemos resolver y/o que tenemos el resultado o solucionamos esa situación de angustia, que no nos dejaba dormir, pues las respuestas a todas estas preguntas la encontramos en ese océano infinito de nuestra MENTE.

Por todas éstas razones debemos entregar nuestros problemas con la confianza sublime de que allí, donde perdemos nuestro intelecto, es lo universal y lo infinito tienen la solución. Cuando la hora llegue, todo lo que está guardado en nuestros pensamientos, se harán realidad, por lo tanto, es necesario apartar de la MENTE pensamientos indeseables o inútiles que interrumpen el conocimiento espiritual, cristianamente hablando, sabemos que los pensamientos pecaminosos, bloquean la comunicación con Dios y a la larga, cuando una persona se molesta consigo misma es porque sus pensamientos impuros se ponen de manifiesto, por lo que se considera como una señal de que ya su crecimiento espiritual comienza a vencer sobre ellos y por , lo tanto, se clasifican a la medida de su espiritualidad.

El remedio contra los malos pensamientos, es mantenerse ocupado en algo útil, sano, de beneficio, para sí sin caer jamás en el desaliento el miedo, que pueda vencer nuestra fuerza de pensamientos. La pelea no es sencilla pero bien vale la pena iniciarla, ya que de lo que se trata es de tener, buenos pensamientos para que el poder de la MENTE no tenga ninguna dificultad, cuando comience a ejercer sus funciones en beneficio del mundo real exterior.

::::::::::::::::::

**EL TIEMPO DEL MIEDO SE ACABÓ, AHORA COMIENZA
EL TIEMPO DE LA ESPERANZA...**

::::::::::::::::::

2.- *HABLEMOS DEL DESTINO......*

Al hablar del destino, generalmente se concluye que todo en esta vida se paga y es considerado como un mecanismo de ajuste o de equilibrio para saldar la deuda que adquirimos con nuestro proceder erróneo, ya que vemos y experimentamos en carne propia todo el dolor que en alguna oportunidad cualquiera le provocamos a alguien en la vida.

Con ésta conclusión no quiero decir, ni justificar a mis semejantes, pero si es preciso sufrir la pena, es necesario entrar por la puerta estrecha al reino, que nos limpia de toda mancha para que podamos sembrar en nuestros corazones, frutos de amor, paz y felicidad.

El destino no es ese mal que nos atrapa por crueldad, por venganza o porque sencillamente quiere que la pasemos mal, no ésta no es la intención que el Creador tiene para nosotros, es simplemente, un hermoso plan de vida, que no comprendemos. Ese hermoso PLAN DE VIDA que el Creador nos reserva, consiste en el descubrimiento de todos y cada uno de notros mismos y su realización como parte integrante del medio que nos rodea, es decir, que el hombre mediante su esfuerzo y sacrificio consiente y claro de su naturaleza humana, le va a permitir controlar sus emociones, sus afectos y todo lo que nos esclaviza, con el apego al mundo exterior.

La naturaleza divina y el control de todos tus deseos, van a actuar en y no la vamos a poder ver ni entender, sencillamente porque los poderes más grandes de la naturaleza divina son invisibles. El amor es invisible y no hay otro poder en la vida más grande en la vida que el amor. La alegría es invisible, la felicidad, la paz, muchas veces obran en nosotros y no entendemos sus modos.

Todo hombre cuando comprende el PLAN DE VIDA que Dios ha reservado para él, desarrolla una sabiduría infinita y es capaz de comprender millones de cosas, que para otros no es fácil comprender, A través del entendimiento de el PLAN DE VIDA, todo hombre siempre tendrá una respuesta en sus labios, en su corazón y en su mente.

La diferencia entre el triunfo y el fracaso, no es un asunto de educación o de inteligencia, mucho menos una cuestión de oportunidad o mala suerte, es simplemente un punto de vista diferente.

Nuestras armas en la vida, cada uno las conoce y cada quien sabe cómo las va a emplear y en dónde tiene que luchar para encontrar y alcanzar méritos. Que adelantan el crecimiento espiritual. De allí se desprende la idea de acumular la sabiduría o de tener siempre un punto de vista diferente (no es específicamente la sabiduría de las ciencias), es el esfuerzo de todos los hombres para comprender su destino, entonces se inclinará al mayor grado de la igualdad que le lleva a comprender lo que realmente es ese PLAN DE VIDA que Dios tiene para nosotros.

A todos les recuerdo que es mejor seguir ese PLAN DE DIOS y hacer que todo se cumpla a plenitud, sin titubear, con mucha fuerza para enfrentar cualquier circunstancia, porque de lo contrario dolerá mucho no haber entendido sus faltas y corregir sus errores y consecuentemente sin crecimiento espiritual.

::::::::::::::::::

VALENTÍA NO ES LA AUSENCIA DEL MIEDO... ES LA CAPACIDAD DE SEGUIR ADELANTE, A PESAR DEL MIEDO...

::::::::::::::::::

3.- *AUTOSUGESTIONES... MODELOS DE VIGOR Y DE SALUD...*

Para crear en la mente un modelo de vigor, no importa cuántos años puedas tener, tu cuerpo está repleto de células vivas y muertas, no debemos permitir que las células muertas se apoderen de nuestra piel para quitarle la frescura, que los tejidos nuevos vayan produciendo, ¿Por qué entonces envejecemos y considerarnos menos ágil y fuerte que los demás? La respuesta es que no tenemos ningún motivo para estar en esas condiciones (ni siquiera llevando una vida de sufrimiento, todos los órganos, músculos y tejidos del cuerpo, están sujetos a la mente. Todos ellos trabajan como se les ordena, entonces, porque desarrollar un modelo de ancianidad y de enfermedad en la mente.

Ese modelo, que la mayor parte de nosotros tenemos, forma la imagen de estar viejos y acabados, el que quiera tomar ese modelo se va a destruir a sí mismo, auto gestiónate y graba en tu mente la visión de la juventud, de ser fuerte, de tener energía suficiente para renovar el cuerpo y ese será el modelo que las células seguirán cuando realicen su función dentro del organismo.

Si cuesta trabajo creer eso, vamos a mirarnos en el espejo todos los días y veremos la diferencia. Algunos días nos veremos mal, nada queda bien o nada luce, pero otros días con simplemente peinar el cabello nos veremos radiantes, frescos, vigorosos y con muy buen semblante. Esto sucede cuando las células han sido desplazadas por tejidos nuevos, fuertes frescos y vigorosos.

La MENTE va mucho más lejos que el conocimiento, de la imperfección la decrepitud, la enfermedad y la muerte. Ahora, ya vamos a desterrar esos pensamientos de ancianidad y debilidad, debemos recordar que la vida nos es para contarla con años. Al medir la vida con un calendario, le robamos juventud, salud y vigor y apresuramos la llegada de la vejes. Los hombres y mujeres deberíamos de madurar y gozar de mejor salud y vigor, en vez de desarrollarnos flojos y débiles.

No podemos retirarnos de la vida activa, sólo porque tenemos un número elevado de años, somos tan viejos y enfermos en la medida que lo creamos, porque todas las actividades del cuerpo están dominadas por la MENTE. Podemos ser viejos a los 30 años o a los 90. ¿Cuál te gusta más? Si seleccionaste la juventud, te felicito, ya empiezas a dar el primer paso a la sugestión. Mantengamos en la mente el modelo de hombre o de mujer que queremos ser y hagámosla nuestra, en este momento y muy pronto veremos los resultados, te lo aseguro.

::::::::::::::::::::

AFRONTA TU CAMINO CON CORAJE, NO TENGAS MIEDO DE LAS CRÍTICAS... SOBRETODO NO TE DEJES PARALIZAR POR TUS PROPIAS CRÍTICAS...

::::::::::::::

4.- ESE PODER INFINITO...

Todo el mundo, generalizando, hombres y mujeres, débiles y enfermos, privados de su vitalidad, pierden tiempo y dinero, esperando que alguien les traiga, en un frasco de jarabe y/o en un sobre de Pastillas, bien envuelta la salud. La salud real y verdadera, nunca se encuentra en jarabes ni en inyecciones, menos en cajas de pastillas. Hay un solo método, que consiste en conservar y usar ese poder de la MENTE, ya que tiene cierta influencia sobre el cuerpo. Es un hecho que todos nos ponemos pálidos ante cualquier situación de miedo o simplemente enrojecemos por la ira, igual sucede con la agitación del corazón, causada por una emoción.

Esas y cientos de otras pruebas, ponen de manifiesto la influencia que tiene la mente sobre el cuerpo, que son bien conocidas y nadie podrá negarlas. Pero lo que no todos saben, es que, la expresión exterior de nuestros pensamientos es el no a tantas cosas, que da su poder para que obre nosotros, hemos sido enseñados a que pensemos que algunas enfermedades son contagiosas y con solo mirar una persona enferma, tememos al contagio sin saber realmente que el peligro está en el miedo y no en la enfermedad.

Finalmente el Creador dio forma al hombre y hace de él una creatura dotada no solo del cerebro, sino de poder de la razón, a imagen y semejanza con la inteligencia infinita que parte de la MENTE. La gracia del espíritu santo y el poder infinito está concentrada en el sendero de la salud, la felicidad y la vida, aun para aquellos que ya habían sido desahuciados por la profesión médica.

La base de todas esas curaciones es que no hay nada milagroso, el Milagro reside en nosotros mismos que es divinamente natural y todo lo que se necesita es comprensión.

La MENTE tiene una imagen perfecta del cuerpo humano, toda llena de salud, de belleza vigor, vitalidad y cuando es atacado por las enfermedades todo lo que tenemos que hacer es, buscar una nueva concepción de una imagen perfecta y tratar de que la MENTE abrigue esa imagen. Ya verás como la enfermedad desvanece como un mal sueño que es. Porque simplemente es un sueño mortal, por lo tanto, es la ausencia de la salud, en el océano infinito de la MENTE se alberga la imagen de la salud y la enfermedad desaparece.

Por eso debemos tener presente que la MENTE es todo. Cuando dejes de creer en las enfermedades, éstas dejarán de tener poder sobre las personas. Es por ello que pocas personas enfermas, tienen la idea de todo lo que pueden hacer por sí mismas, cuando las personas crean y descubran todo el poder que tiene la mente, cada uno será su propio médico. Porque todas las funciones del cuerpo humano están gobernadas por la MENTE, ese poder infinito que cura y protege.

Todas las enfermedades y todas las imperfecciones de cuerpo humano, causan enfermedad sin el consentimiento de nadie.

La manera de empezar a rehusar es negar cualquier queja del cuerpo, no le temas al clima, ni la atmosfera, a la humedad o a las corrientes de aire. Cuando el estómago te diga que has comido algo que te hace mal, el remedio lo tienes sólo con tratarlo como si lo tuvieras reprendiendo. Debemos recordar que no puede decidir lo que es bueno o lo que es malo, que no tiene inteligencia, que es simplemente un canal por donde pasan los alimentos, enfréntalo a que solo ejerza su función de eliminarlos tan pronto como sea posible.

El cuerpo es un término completo de control de la MENTE, es una reflexión exacta de los pensamientos, la MENTE es la que siente, dirige y controla el cuerpo.

Si ya has empezado a comprender esto, aunque sea una parte muy pequeña, considérala como la cosa más maravillosa que te ha pasado, porque has comprendido que Dios nos ha dotado de un poder maravilloso y divino por sobre todas las cosa. Significa que estaremos de pie sobre la roca de la vida, que las puertas del cielo están abiertas ante todo y que estamos más cerca de Dios. Nos encontraremos en sí mismos cuando comprendamos y nos encarguemos a plenitud de ejecutar divinamente y de cumplir el

PLAN DE VIDA que Dios tiene reservado para cada uno de nosotros.

::::::::::::::::::::

EN LA VIDA SE CORREN RIESGOS...
POR ESO ES QUE LA VIDA VALE LA PENA...

::::::::::::::::::::::::

5.- CONOZCAMOS NUESTRO TEMPERAMENTO

› NATURALMENTE SOMOS UNO...

Amigo lector si puedes entender el gran significado que encierra todo el control de la MENTE, ya te encuentras en capacidad para reflexionar sobre el PLAN DE VIDA que Dios tiene reservado para cada uno de nosotros, toda ésta reflexión es en sí misma, el saber de qué se nos han abierto las puertas del cielo, que ya estamos más cerca de nuestro Padre. Ahora toca y por nuestros propios medios y con ese concomimiento que ya tenemos, lo primero es conocerse así mismo.

Vamos a empezar a reconocer el temperamento de cada uno de nosotros, ese género que nos hace tan individual y tan diferente uno de los otro, es esa fuerza invisible que nos obliga a actuar como realmente no queremos, fuerza que puede destruir a una persona normal y útil, a menos, que la discipline y la dirija.

El temperamento nos proporciona fuerzas y debilidades que si no son controladas a tiempo, puede desencadenar la destrucción espiritual y moral. Todos hemos heredado de nuestros padres una combinación que incluye fuerzas y debilidades. En las Sagradas

Escrituras se le asigna al temperamento de los hombres diferentes calificaciones, tales como: "EL HOMBRE NATURAL" "EL DESQUILIBRIO DE LA CARNE" o "EL HOMBRE VIEJO", a mí modo de entender, es la satisfacción de los deseos que llevamos reprimidos. La mejor forma de entender tu propio temperamento, es clasificándolo de una forma literal, para así poder controlar esas reacciones y emociones que están reprimidas. Esta clasificación corresponde al estudio y análisis del temperamento en sí, del carácter y de la personalidad.

- ## *EL TEMPERAMENTO...*

Es la combinación del resultado de rasgos congénitos, estos rasgos se componen genética- MENTE, de nuestros padres, nuestro medio, de la raza, del sexo, creencias y costumbres. El ordenamiento de estos rasgos temperamentales, no se puede predecir, son tan ciertos como lo es el color del cabello, el color de los ojos, o la forma y el tamaño de cada uno.

- ## *EL CARÁCTER....*

Es considerado como el "yo" verdadero, la biblia lo refiere como el hombre oculto, lo que siente el corazón, pero es cambiante por la influencia que tenemos o por el tipo de educación que recibimos y/o simplemente por los principios y motivaciones básicas.

- ## *LA PERSONALIDAD....*

La personalidad tiende a confundirse con el carácter, pero se debe tener mucho cuidado para diseñar una y otra, en conclusión, la personalidad es la exteriorización de ese "yo" pero sin cambios o transformaciones, la personalidad es una fachada que cubre el carácter débil o fuerte, muchas veces se tiene el criterio de que es la que el hombre debe tener y no lo que realmente es. ¡Excelente fórmula para el caso mental y espiritual! En resumen el temperamento es esa combinación de rasgos genéticos con los cuales nacemos, el carácter es nuestro, temperamento pero civilizado y la personalidad que nos cubre el temperamento es simplemente el "ROSTRO" que mostramos a los demás. Más claro, es la pantalla que tenemos encima.

Los rasgos temperamentales bajo control o incontables a lo largo de la existencia, siempre están presentes porque duran toda la vida. A medida que avanzamos en edad los rasgos más duros y agrios, tiende a ablandarse y a madurar, el hombre poco a poco, aprende a vivir en paz con los demás.

Muchos logramos desarrollar el carácter y mejorar la personalidad pero competitivamente, son pocos, muy pocos lo que podemos mejorar el temperamento, sin embargo es posible mejorarlo si se deja guiar por el ESPÍRITU SANTO.

::::::::::::::

LO QUE AHOGA A UN HOMBRE NO ES CAER AL RÍO, SINO MANTENERSE SUMERGIDO EN ÉL...

::::::::::::

6.- *LA DEPRESION... SU CAUSA Y CURACIÓN....*

Para dar inicio al análisis y estudio sobre las causas de la depresión, se debe conocer que éste viene dado por las emociones, pero con ésta hipótesis no se puede pasar por alto el padecimiento de algún mal. En realidad no hay nadie que escape o se haya deprimido por alguna razón. A lo largo de la vida solo se ha escuchado hablar sobre temas relacionados con la depresión, por lo tanto, se ha convertido en un tema largo que experimenta la gente.

Mi experiencia personal, me permite entenderla como un equilibrio personal que aqueja a todos los seres humanos por igual, a todos abarca con amplitud, a grupos profesionales conocedores del tema hasta la gran masa de seres desposeídos, personas con información relacionadas al tema en cuestión.

El hecho de estar deprimido, no significa que estar mermando o desajustando su inteligencia, simplemente es un estado de improductividad e inactividad desagradable. Como ya hemos visto y está bien claro, que la depresión es un mal que ataca a todo ser humano y como tal es muy común en todos los temperamentos y ninguno, por muy fuerte que parezca es invulnerable, por lo tanto, se puede caer en lo más profundos y prolongados periodos de depresión, mientras que para otros parecieran lapsos muy breves de depresión, así como estos hay personas muy optimistas y/o retadores que muy rara vez se ensimisman en este problema, por el contrario lo asumen y no nos dejamos agobiar y tan pronto como podemos escapamos de la depresión.

Es necesario hacer referencia a algunas de las razones principales a las cuales somos más propensos a caer en un estado de depresión, hay personas que suelen ser muy egocéntricas y todo gira alrededor de su vida en su "yo" y pasan la mayor parte de su tiempo autoevaluándose. Para ellos no creo necesario la autoevaluación, porque el resultado que arrojan puede ser perjudicial.

En tal sentido para el perfeccionista le resulta muy fácil criticar a los demás, tanto como a sí mismos. El que se identifica con este tipo de temperamento, le molesta sobremanera no alcanzar la altura de la suprema norma de la perfección que se ha fijado y se siente deprimido y considera ser un fracaso. Este tipo de temperamento tiende a ser irrealista para sí mismo y para los demás, resulta difícil adaptarse a las exigencias que le andan en el curso de la vida, así haga lo que haga nunca estará satisfecho de sus logros, la insatisfacción, por la tarea que hace, en ciertas oportunidades le lleva a la depresión.

Los problemas físicos pueden desencadenar una enorme depresión, cuando las personas están débiles, magnifican y engrandecen las más mínimas dolencias. El sentido cristiano refiere el principio establecido por el apóstol Pablo en II Cor. 12,9-10, donde refiere..."en mis debilidades es que me descubro más fuerte".... Por tanto si es posible que una persona creyente lo envuelva la depresión en sí mismo, porque rechaza la gracia y la fuerza que el Creador le ha dado.

Feliz el hombre que no tenga compasión por sí mismo y que pueda enfrentase a esas debilidades. Me permito decir que desde ese mismo instante, tenemos la mitad de la batalla ganada, y si recurres a Dios y te pones en manos de lo Universal, para recuperarte de la depresión, casi estamos en la recta final, igual es la cura para la ira, el temor o cualquier otra debilidad humana.

:::::::::::::

GUARDA EN TU CORAZÓN EL MILAGRO DE TU PROPIA VIDA...

::::::::::::::

7.- ACTUALMENTE...

El panorama que se nos presenta a diario, llena de descontento y vemos al hombre en un serio peligro, porque con su mal proceder, se vislumbra un deterioro inmenso en todos sus aspectos. En lo moral y en lo religioso, se nota la pérdida de grandes valores, en consecuencia, vemos que a nuestro alrededor, todos los hombres están llenos de temor, con gran preocupación y con un gran descontento por su manera de vivir, entre otras, los planteamientos que hacen los adultos sobre el futuro, en contra de la rebeldía y la inconformidad de los jóvenes.

Realmente tenemos derecho a ser felices, pero el afán y la lucha cada vez mayor en busca de la felicidad. Sin embargo, ésta búsqueda de la felicidad, no permite tener paz ni espiritual ni mental. Buscamos felicidad y tranquilidad por todos los medios que le sean posibles, pero solo consigue desaliento, decepción y amenazas a su conducta y lo peor una gran presión de quien se cree el más fuerte, está inquietud que el hombre presenta con ese errado proceder y sentir, lo coloca frente a una total sumisión que le quita la voluntad de oponerse y romper con las cosas que le impiden alcanzar su libertad plena y consecuentemente el éxito de su vida. De ésta forma estamos esclavizadas al mundo y arrastrando tristeza, dolor, miseria y las guerras que siembran ambiciones desmedidas. El proceder humano es cruel, altamente competitivo, despiadado, deshumanizado y terriblemente egoísta. En la vida diaria nos damos cuenta del valor que se le brinda a los demás, solo porque tienen dinero o por el poder que manejan.

La ignorancia del hombre y su desconocimiento del PLAN DE VIDA QUE EL CREADOR nos ha reservado a cada uno, nos hace olvidar por completo que la vida es corta, que debemos dar cuenta sobre nuestros actos, que cada persona en la vida tiene asignada una misión muy importante para su progreso espiritual, el hombre que se encuentra desposeído, que no tiene ninguna decisión de mando o que no tiene el apoyo de un partido político, se siente más débil que otro y se encuentra situado en medio de todos como pilar que sostiene los castillos e imperios que levantan, quienes llevan ventaja en su medio social.

La actitud y el modo de vivir, nos llevan a una actitud materialista, completamente equivocada, puesto que ha considerado que el dinero, la fama y el poder le aseguran un mundo feliz y tranquilo, pero no se da cuenta que con esos ideales, se convierte al mundo en una sociedad gigantesca de consumo, que carece totalmente de sentimientos.

Muchos vivimos en condiciones inhumanas, es decir, que la gran mayoría de los hombres, no alcanzan poderes de mando, ni fortunas, ni posibilidad alguna de vivir con comodidades, estos planteamientos a la larga se convierten en conflictos sociales y de grupos populares de descontento que generan violencia, por lo tanto, encierran al hombre en un círculo de agresiones, odios, temores y venganzas, que le convierten la vida en un infierno, en un existir sin sendero.

Es de sabios entender que el equilibrio de los seres humanos, consiste en vivir siempre con éxito, si se tiene lo sublime, lo divino, lo espiritual y lo angelical por siempre delante de cada meta trazada.

Quienes conocemos esta clave o arma para defenderse en la vida, evidentemente, es un gran triunfador, en los problemas que le afectan a la vida diaria. Mientras quienes se ocupan de las cosas del mundo materialistas, cosecharan sin lugar a dudas limitaciones y conflictos, por lo tanto, quien viva solo para las cosas del mundo, le da la espalda a lo universal, lo divino y se convierte en prisionero de sí mismo, se esclaviza y no avanza espiritualmente.

::::::::::::::::

APRENDAMOS A ESTAR CONTENTOS... NO IMPORTAN LAS CIRCUNSTANCIAS...

:::::::::::::

8.- *REFLEXIONES...*

El hombre a lo largo de su existencia es considerado un ser completamente espiritual, creado a imagen y semejanza de Dios, reflexionando sobre éste criterio y sobre el apego que se tienen sobre las cosas del mundo son el punto álgido, que lo mantiene esclavizado y consecuentemente no le permiten avanzar espiritualmente.

Muy bien lo refiere el viejo Adagio que dice "El que siembra vientos cosecha tempestad" Tal parece que ignoramos este hecho, aunque muy a menudo lo escuchemos, pero no entendemos el porqué, de tantas divergencias y tantos conflictos, sin detenernos un momento a pensar que esta forma de actuar en la vida, son los frutos que se recogen de lo que alguna vez se sembró. Por otro lado, nunca se plantea la posibilidad de sembrar buena voluntad, amor, paz y tranquilidad, en lugar de sembrar odios, conflictos, deslealtades, dudas y traiciones.

Todas estas razones convierten a la humanidad en un círculo incierto que despoja y aniquila todas las tareas y el cumplimiento cabal del PLAN DE VIDA que el creador tiene reservado para cada uno de nosotros. Nos encontramos situados en un mundo lleno de violencia, donde existen las guerras, la injusticia social, las ambiciones, usurpando en nosotros, un lugar lleno de valores morales, que ha sido recargado por una sociedad mercantilista.

Son todas estas las causas, por las que el mundo hoy anda mal, todos los seres humanos nos encontramos amenazados porque no hay credibilidad de nada ni de nadie. Todas las razones de vida giran en torno, al pesimismo y al desaliento, en especial agobia una flojera mental, llena de escusas que trae unas consecuencias nefastas. Actualmente hay una resignación a que suceda lo peor para que más adelante se vislumbre un camino, una nueva esperanza y un mejor vivir.

Así pues es necesario un cambio de dirección y de objetivos en la vida para lograr alcanzar la paz, tenemos que comenzar una lucha de sí mismo, para conocer las debilidades de cada quien, en otras palabras, la personalidad y la individualidad.

Tenemos que reconocernos internamente y en profundidad, ya que hay que suprimir las causas de la guerra y liberarnos de todas esas cosas que nos atan al mundo, que no es más que el origen de toda la tragedia y la infelicidad en el mundo.

Quien sueñe con heredar el Reino de Dios y/o con alcanzar un MILAGRO debe comenzar en este momento a conocerse a sí mismo y descubrir sus propios dones, además del poder divino que hay en cada uno de nosotros, comprender que gozamos de un poder universal, infinito, que llevará a la transformación de un mundo material a un mundo Espiritual y ubicarnos dentro del mal y el bien y la justicia, por ello es necesario, desprendernos de todas esas cosas que nos arrastran a la sociedad actual y consecuentemente la destrucción de la humanidad.

Es necesario un sendero, un camino nuevo que nos lleve a la fraternidad, a la independencia espiritual de todo ser humano para ser libres y amar a Dios por sobre todas as cosas, sin que el intelecto desvié, logrando así alcanzar el MILAGRO que tanto esperamos.

::::::::::::::

SI TÚ NO LO PERMITES NADIE PUEDE
ARREBATARTE TÚ PAZ....

::::::::::::::

9.- UN DESPERTAR DE ESPERANZA...

Mi querido y respetado lector, hoy luego de superar mi tragedia, mi nivel de conocimiento y de AUTOAYUDA para cada uno de ustedes, me lleva a pensar que aún hay muchas dudas dentro de sus corazones y sé que también es muy grande el compromiso que asumen, cuando tomen la decisión de aceptar su DESPERTAR INDIVIDUAL como la única vía de evolución y de preparación para ese Milagro que ha de llegar, es decir tu transformación interna.

Fue justamente, en mi estado de coma, cuando mi inconsciente tomaba fuerza, allí fue entonces, que pude ver a un hombre que caminaba por un jardín, y entre mis sueños, seguía tras aquel hombre que recorría el prado en el que cuidaba sus ovejas, siempre con los ojos cerrados y sin ver los obstáculos que se presentaban, pero aun así, en silencio continuaba su camino. Al volver a su lecho llegaba muy herido, con sus pies ensangrentados y su rostro sereno sin ninguna mueca de Dolor. Entonces comprendí que mientras cuestionaba y culpaba a los espíritus inmundos o al alma de mis enemigos fallecidos sobre mi tragedia y dolencias fue cuando DESPERTÉ de mi andar dormida por la vida... y en consecuencia aquel hombre que estaba en mis sueños, se presentó ante mí y de rodillas me suplicó lo liberara de aquel mal que padecía, me hablaba de despertar del sueño en el que ambos nos cruzamos... lloramos, sí lloramos mucho, entonces la salida fue aceptar nuestro despertar en nuestro andar. Pero mientras tanto, yo muy consciente de que son muy necesarias para mí esas enseñanzas de aquel hombre en mi sueño, muchos meses en cama, de tratamientos y observación para entender lo que arrastraban mis pies, mis hombros y mi corazón, era demasiado grande el *amor y el apego por mis pertenencias, hasta el punto de descuidar el debido descanso y reposo de mi MENTE.*

Al comprender ésta realidad, fue fácil dejarme arrebatar mis pertenecías, pero nadie podría quitarme la PAZ DE MI ESPIRITU. Pronto en mi pesada carga, algo grande y liviano sucedió hasta el punto de cuidar y recuperar mi cuerpo, con un mismo interés y una misma entrega, pero ya DESPIERTA, en conciencia, entendiendo que era mi vida mí responsabilidad para defenderla y cuidarla de los peligros... Pues si un Pastor no está en Paz, su rebaño no tiene paz. Afirmo que es el AMOR una pócima de salud que puede curar las heridas del cuerpo, dar Paz y sabiduría a nuestra alma.

Mis lectores, no se puede andar por el camino dormido, por la vía sin despertar, como sonámbulo en la noche. Es el hombre el que transita por su camino dormido, es aquel que puede hablar de enemigos y maleficios, pues una vez que se despierta el hombre puede ver que en cada una de sus caídas hay una enseñanza y una lección de Amor. Puedes ver aquel a quien llamas enemigo se planta a tu puerta y te llama con nombres y ofende tu casa pero si ya estás DESPIERTO, y oyes a tu hermano con insultos será distinto, tú punto de unión con él, es allí, en el centro de tu pecho donde se te revelará que sufre y que quizás tú fuiste la causa de ese sufrimiento en él, o quizás podrás entender que solo está tratado de drenar su amargura y sufrir.

Pero si justo en ese momento le hablas de amor, tocarás su punto de dolor y serán tus palabras un bálsamo de Paz donde cada palabra y cada gesto tendrán la bendición de la honestidad y del AMOR.

Hermanito mío, lejos de verter la sangre de tu hermano, quizás te lleves en tus lágrimas el arrepentimiento. Lejos de tener un enemigo para el resto de tus días, ganarás que despierte y logre entender que le sucede, entonces experimentarás en él que cuando se rencuentre con tus palabras sentirá tu cercanía y al próximo encuentro te saludará con una sonrisa y un deseo de que le entregues un poco de Paz. Quiero que sepas que para el hombre despierto no existen enemigos, pues para tener un enemigo es preciso odiarlo, y en un corazón despierto no hay espacio para odios. Y si aún él no vuelve con el deseo de querer Paz, bendice su partida amorosamente y pronto lo verás cambiar.

Pues es la palabra que se pronuncia desde el amor tributo de Paz y de armonía, flor de gloria y de alegría que aunque no esté abiertamente por encima de las vestiduras, pronto y muy lentamente germinará en el corazón de aquel que es dichoso, porque está escrito:

Ha de tener el hombre la luz y el poder de la palabra luminosa, ésta no puede ocultarse de la luz del sol, ni puede sumirse en las sombras, ni puede apartarse de aquel a quien va dirigida. Ahora te pido que mires a tu hermano y descubras en él aquello que te molesta de ti, que ves tal cual mora en su interior, entonces descubrirás tantas y tatas cosas muy parecidas entre ambos que van más allá de los ojos y de los gestos.

Deja que el centro de tu pecho hable y que reconozca el amor y la felicidad del reencuentro. De esta manera y ya con tus labios bendecidos de Amor, dile cuanto le amas y que sientes para él ese mismo deseo que sientes para ti. Debes entender que será imposible, que ambos deseos se cumplan, porque es tú palabra la única responsable de mover el universo para unir o separar las realidades de ese mismo deseo.

Atrévete a darle un abrazo y a decirle lo que nunca has dicho, por temor al ridículo o a la censura, pues cuando lo abrazas te *abrazas a ti y cuando lo bendices te bendices a ti mismo. No tengas miedo de expresar tu amor, abraza a tu hijo, abraza a tu madre, abraza a tu amigo, tiende tú mano sincera a aquel que ves salir en la mañana, saluda y trata de no fingir las palabras, que no sean vacías o sin sentido, siempre dilas desde el centro de tu corazón o desde el centro de tu amor... conviértelas en manantial de bienaventuranza para todo aquel que las escuche, así no los veas nunca más, guarda y cuida tus palabras, pues de ahora en adelante ellas serán gotas de agua viva. Pues ellas son las hijas de tu esencia y llevan todo lo grande en abundancia para nutrirse del Amor Universal y Divino de nuestro Padre Celestial.*

LAS CONDICIONES DE LA PAZ
LA PAZ SOLO TE PIDE...

El instante santo es el ejemplo supremo a la demostración clara e inequívoca del significado de toda relación y de toda la situación cuando se ven como un todo. La FÉ acepta todos los aspectos de la situación, la falta de FÉ no ha impuesto que nada se vea excluido de ella. Esta situación de perfecta paz se debe simplemente que has dejado de ser lo que es, ésta simple cortesía es todo lo que el Espíritu Santo te pide: que dejes que la verdad sea lo que es, no intervengas en ella, no la ataques, no interrumpas su llegada, deja que envuelva cada situación y que te brinde Paz, ni siquiera te pide que tengas fe, pues la verdad no pide nada, déjala entrar y ella invocará la fe que necesitas para gozar de Paz.

Es cierto deseamos hacer de toda relación un instante santo, pues tal es el regalo de la fe que se da libremente donde quiera que haga falta, el poder del Propósito del Espíritu Santo, puede usarse entonces en su lugar. Este poder transformar instantáneamente todas las situaciones en el que el único medio, seguro y continúo de establecer su propósito y demostrar su realidad.

Para ti que has respondido a la llamada de tú redentor la tensión que conlleva a no responder parece ser mayor que antes, pero no es así, la resistencia siempre estuvo allí. Se le atribuía a otra cosa, creyendo que era esa otra cosa, la que la producía. Pues lo que esa otra cosa producía, era pesar y depresión, enfermedad y dolor, tinieblas y vagas imaginaciones de terror, escalofriantes fantasías de miedo y abrazadores sueños infernales y todo ello no es más que la intolerable tensión que se producía al negarte a depositar tu fe en la verdad y a su evidente realidad...

Cuando aceptaste la verdad, como el objetivo de tu relación, te convertiste en un dador de paz tan irremediablemente como que tu Padre te dio la paz, pues el objetivo de la paz no se puede aceptar sin sus condiciones y tú tuviste que tener fe en dicho objetivo.

Pues nadie acepta lo que no creo que es real, tú propósito no ha cambiado ni cambiará jamás, pues aceptaste lo que nunca puede cambiar y ahora no le puedes negar nada que necesite para ser eternamente inmutable, tu liberación es segura, da tal cual como recibas y demuestra que te has elevado muy por encima de cualquier situación que pudiese detenerte y mantenerte separado de aquel cuya llamada has contestado.

EL PODER SANADOR DEL AMOR Y DEL PERDÓN

PAZ... *Que mi mente esté en paz y que todos mis pensamientos se aquieten... Padre mío, hoy vengo ante ti en busca de la paz, esa que solo tú me puedes dar, hoy vengo en silencio aquietando mi corazón y aquietando mi mente ante todos mis pensamientos, espero tu voz, aquí estoy a la escucha de tu palabra... Padre mío háblame hoy vengo a esta hora y en este momento, en tu Santo Nombre a escuchar tu mensaje, tu voz en silencio, con mucha certeza y toda mi confianza, muy segura de que escucharas mi llamado y que tu respuesta llegará en su justo momento.*

Ahora aguardamos silenciosamente, porque Nuestro Padre Dios está aquí, porque esperamos juntos, estoy plenamente segura de que ÉL te hablará y de que tú lo oirás, hermano mío, acepta mi confianza, pues finalmente es tú confianza porque nuestras mentes están unidas y esperamos con un solo propósito: escuchar la respuesta de nuestro padre a nuestra llamada... Dejemos que nuestros pensamientos se aquieten y encontremos su paz, para escucharle y contarle todo lo que escondemos y comprender que realmente somos sus hijos y por esa razón estamos a la espera de su protección.

:::::::::::::::::::::::::::::::

:::::::::::::::::::::::::::::::::

Ahora buscaré y hallaré la Paz de mi Padre Dios....
Fui creado en paz y de la paz vengo, pues en esa paz permanezco, ya que no he ha sido dado el poder para cambiar mi Esencia, mi Ser, cuan misericordioso es Dios, mi Padre, que al crearme me dio la paz para siempre... pues ahora y en este momento santo solo

pido ser lo que soy. Mi Padre Dios no podría negar esa verdad eterna.

Padre, escúchame porque busco la paz que tú me diste al crearme, lo que se me dio, me pertenece y por eso debo encontrarla aquí ahora, pues mi creación fue algo aparte del tiempo y aún sigue siendo inmune a todo cambio, la paz en la que tu hijo nació, todavía resplandece allí, sin haber cambiado, soy tal como tú Padre me creaste, solo que en este momento santo necesito invocarte para hallar la paz que tú me diste. Fue tu voluntad entregármela... es mía y ahora la necesito.

:::::::::::::::::::::

:::::::::::::::::::::::

Hoy entrego mi vida a Dios Padre para que EL la guíe...

Padre Dios, hoy te entrego todos mis pensamientos, no quiero quedarme con ninguno de ellos. En su lugar dame los tuyos, de igual manera te entrego todos mis actos, para que tú puedas hacer tu voluntad y pueda ir en busca de metas inalcanzables y perder el tiempo en vanas imaginaciones, hoy vengo a ti y me haré a un lado para simplemente seguirte. Conviértete en mí guía y yo en tu seguidor, que no dude en ningún momento de tu infinita sabiduría, ni del amor cuya ternura no puedo comprender, pero que es sin embargo, el perfecto regalo que tú me haces...

Hoy nos dirige un solo guía y mientras caminamos juntos le entregamos este día sin reserva alguna, este es su día y por eso es un día de incontables dones y de infinitas bendiciones para nosotros...

::::::::::::::::::::::::::::

∷∷∷∷∷∷∷∷∷∷∷∷∷∷

Tu paz está conmigo Padre y estoy a salvo...
Tu paz me rodea Señor, Padre mío, donde quiera que voy, tu paz me acompaña y derrama su luz, sobre todo aquel con quien me encuentro, se la llevó al que se encuentra desolado, al que se siente solo y al que tiene miedo, se la ofrezco a los que sufren, a quienes se lamentan por una pérdida, de igual forma se la ofrezco a los que creen ser infelices y se sienten que han perdido toda esperanza, envíalos a mí Padre, permíteme ser yo hoy el portador de tu paz, pues quiero salvar a tu hijo, tal cual, como lo dispone tu voluntad, para poder llegar a reconocer mi Ser.
De esta manera vamos juntos, caminando en paz, trasmitiendo al mundo entero el mensaje que hemos recibido. De esta manera, por fin escuchar la voz que habla por Dios, nuestro Padre Celestial... la misma que nos habla siempre que nosotros predicamos su palabra, donde se presenta su puro amor y el cual conocemos ya que compartimos su palabra con todos.

∷∷∷∷∷∷∷∷∷∷∷∷∷∷∷∷∷

∷∷∷∷∷∷∷∷∷∷∷∷∷∷

El perdón pone fin a todo sufrimiento y a toda sensación de pérdida...
El perdón nos ofrece un cuadro de un mundo en el que ya no hay sufrimiento, por tanto, es imposible perder donde la ira no tiene sentido... en este momento el ataque ha desaparecido y la locura ha llegado a su fin, entonces mi amado Señor, que sufrimiento podría concebir ahora, en que pérdida se podría incurrir, pues el mundo se convierte en un remanso de dicha, abundancia,

generosidad y caridad, sin fin y desmedido, se asemeja tanto al cielo, que ahora se transforma en un instante santo, donde refleja su luz. De esta manera la jornada que el hijo de Dios Padre ha emprendido culmina en el origen de esa misma luz que nos da... Padre Dios, queremos devolverte nuestras mentes porque la hemos traicionado y sumido en la amargura, igual la hemos atemorizado con nefastos pensamientos de violencia y muerte. Ahora nos abandonamos para descansar en ti, tal y como tú nos creaste.

::::::::::::::::::::::::::

:::::::::::::::::::::::::::::::

Que se acalle en mí toda voz que no sea la de Dios Padre...
Padre hoy quiero escuchar solo tu voz, hoy en esta hora y en este momento, en este instante Santo, vengo en el más profundo de los silencios para escuchar tu voz y recibir tu palabra, pues no tengo otra oración que esta, para que me des la verdad, tu verdad, esa verdad que es tu voluntad y la que hoy quiero compartir contigo. Hoy no dejaremos que los pensamientos delego, se apoderen de nuestras palabras y acciones y cuando se presenten, simplemente los observaremos, lo diferenciaremos con mucha calma y luego lo separaremos de los demás pensamientos hasta descartarlos y acabar con ellos. No miremos ni busquemos las consecuencias que estos generarían. Por lo tanto no debemos elegir conservarlos en ningún espacio, aprovechemos que se han ido y esa quietud santificada por nuestro Padre Dios, permite la comunicación con nosotros y nos habla de nuestra voluntad, pues hemos decidido recordarla.

:::::::::::::::::::::::::::::::

:::::::::::::::::::::::::::

Elijo pasar este día en perfecta Paz...

No me parece que pueda elegir el experimentar solamente en este día la paz, sin embargo nuestro Padre Dios no asegura que su hijo es como ÉL, permíteme padre que pueda yo hoy tener fe en aquel que afirma, soy el hijo de Dios, que la paz que hoy elijo experimentar de FE de la verdad de sus palabras, El hijo de Dios debe estar libre de preocupaciones y morar eternamente en la paz del cielo. En su nombre consagro este día a encontrar lo que la voluntad de mi padre ha dispuesto para mí, aceptando como propio, también a concederles paz a todos sus hijos.

Así, de esta manera como deseo pasar este día contigo, a tu lado, Padre, veo que estoy en mi esencia, tu hijo no te ha olvidado, la paz que le otorgaste sigue estando en mmi mente y es justamente allí, donde elijo pasar este día.

:::::::::::::::::::::

:::::::::::::::::::::

Dos es mi único objetivo hoy...

La única manera de llegar a Dios Padre hasta este punto, es a través del perdón, pues no hay otra manera, si la mente no le hubiese concedido tanto valor a pecado, no habría necesidad de encontrar el cambio que conduce ese camino donde ya te encuentras, ¿Quién tendría incertidumbre o quien podría seguir durmiendo entre espesas nubes de duda con respecto a la santidad de aquel que Dios creó libre de pecado, en este punto solo se puede soñar e ilusionarse. Pero si podemos soñar que hemos perdonado aquel en quien todo pecado sigue siendo imposible y esto es lo que elegimos soñar hoy. Dios es nuestro Padre y es nuestro objetivo, pero el perdón es el camino el medio para llegar hasta ÉL.

Así de esta forma, es como queremos llegar a ÉL. Así es entonces como podemos llegar a nuestro Padre Dios, por ese camino que no ha enseñado. No tenemos otro objetivo que no sea, escuchar su voz y hallar el camino que tu Sagrada Palabra nos ha enseñado Padre.

:::::::::::::::::::::::::::::::::::::

:::::::::::::::::::::::::::

No dejes que hoy perciba diferencias...

Padre tienes un solo hijo y es a él a quien hoy deseo contemplar, ese, tu única creación porque habría de percibir miles de formas en aquel que sigue siendo uno solo. Por qué se le dan miles de nombres si es uno solo y uno solo es el que basta. Pues entonces, tu hijo tiene que llevar tu nombre porque tú lo creaste, no permitas que lo vea como algo ajeno a su Padre o ajeno a mi hermano, pues, ÉL es parte de mi como yo soy de ÉL, estaos estrechamente unidos por un solo amor y somos eternamente unos Santos hijos de Dios. Nosotros que somos uno, queremos reconocer en este día la verdad acerca de nosotros mismos, queremos regresar a nuestro hogar y descansar en la unidad del Padre, pues es allí donde reside la Paz. Esa paz, que no se puede buscar y menos hallar en otra parte.

:::::::::::::::::

:::::::::::::::::::::::

El Amor de Dios Padre me rodea...

Padre mío, estás delante y detrás de mí, a mí lado, allí donde me veo a mí mismo, y donde quiera que voy. Estás en todo lo que contemplo, en los sonidos que escucho y en cada mano que busca la mía. En ti el tiempo desaparece y la idea del espacio se vuelve una creencia absurda. Pues lo que rodea a tu hijo y lo mantiene a salvo es el Amor mismo, no existe otra fuente, solo ésa y no hay nada que no comparta su santidad nada que se aparte de tu única creación y que carezca del Amor que envuelve todas las cosas dentro de sí, Padre tu hijo también eres tú y hoy apelamos a ti en tu propio nombre para estar en paz dentro de tu propio Amor eterno.

Hermanos míos, unamos nuestras mentes y corazones en este propósito hoy, esta es la plegaria de la salvación, Es está la razón por la que tenemos que unirnos para salvar al mundo y a nosotros mismo.

::::::::::::::::::::::::::::::::

:::::::::::::::::::::::::

Lo único que veo es la mansedumbre de la creación...

Ciertamente no he comprendido el mundo, ya que proyecté sobre él mis pecados y luego me vi siendo el objeto de su mirada, que feroces parecían y cuan equivocados estaba al pensar que aquello que temía se encontraba en el mundo, en lugar de mi propia mente, hoy veo el mundo en la mansedumbre celestial con el que funge la creación, en ese mundo donde no hay miedo. No permitas que ninguno de mis aparentes pecados nuble esa luz Celestial que fulge sobre el mundo, lo que en él se refleja se encuentra en la ente de Dios Padre. Las imágenes que ahora veo son el reflejo de mis sentimientos y pensamientos. Pero mi mente es una con la de Dios Padre, por lo tanto puedo percibir la mansedumbre de la creación. En la quietud quiero contemplar el mundo, el cual refleja únicamente tus pensamientos y también como los míos, concédeme Padre recordar que son lo mismo para ver la mansedumbre de la creación.

::::::::::::::::::

:::::::::::::::::::::

Mi corazón late en la paz de Dios Padre...

Lo que me rodea es la vida que Dios Padre creó en su amor, me llama con cada latido, con cada aliento, con cada acción y con cada pensamiento. La paz llena mi corazón e inunda mi cuerpo con el propósito del perdón. Ahora mi mente ha sanado y se me concede todo lo que necesito para salvar al mundo. Cada latido de mi corazón me inunda de paz, cada aliento me infunde fuerzas, soy un mensajero de Dios Padre, guiado por su voz, apoyado por su Santo amor y amparado eternamente en la quietud y en la paz de sus amorosos brazos. Cada latido de mi corazón invoca su nombre y cada uno es contestado por su voz que me asegura que en él estoy en mi hogar.

Que preste atención solo a tu respuesta, no a la mía, Padre de mi corazón, late en la paz que el corazón del amor creó y así y solo allí es donde me encuentro en mi hogar.

::::::::::::::::::::::::::

:::::::::::::::::::::::::::::

Que todas las cosas sean exactamente como son...

Padre Dios, no permitas que hoy te señale, no permitas que hoy te juzgue, tampoco permitas Padre mío, que interfiera en tu creación desfigurándola y convirtiéndolas en formas enfermizas, permíteme estar dispuesto en no atacar su unidad, imponiéndole mis deseo y así dejarla ser tal como tú la creaste, pues de esta manera seré también capaz de reconocer a mi Ser tal y como tú lo creaste, pues fui creado en el amor y en el amor he de permanecer para siempre. Que podría asustarme si dejo que todas las cosas sean exactamente como son, que nuestra vista no sea blasfema hoy, que nuestros oídos no hagan caso de las malas lenguas. Solo la verdad nos dejará libre del dolor. Es solo en la realidad donde no se experimentan las pérdidas, es solo en la realidad donde no se experimentan los miedos, solo la realidad nos ofrece seguridad y esta es la única libertad que buscamos hoy.

:::::::::::::::::::::::::::::::

:::::::::::::::::::::::::::::::

Mía es la quietud de la paz de Dios Padre...

Tal vez estemos listos para pasar ahora un día en perfecta calma, si esto no fuese posible todavía nos contentaremos y nos sentiremos más que satisfechos con poder aprender, como es posible pasar un día así. Si permitimos que algo nos perturbe aprendamos a descartarlo y a recobrar la paz. Solo necesitamos decirle a nuestras mentes con absoluta certeza: Mía es la quietud de la paz de Dios Padre. Nada podrá venir a perturbar la paz que Dios mismo le dio a su hijo.

Padre mío tu paz me pertenece, No tengo porque temer, por algo que pueda robarme lo que tú has dispuesto que sea mío para siempre. *No puedo perder los dones que tú me has dado, por lo tanto, la paz con la que tú agraciaste a tu hijo sigue conmigo, en la quietud y en el eterno amor que te profeso.*

:::::::::::::::::::::::::::

:::::::::::::::::::::

Este día le pertenece al amor, por tanto hoy no tendré miedo de nada...

Padre hoy quiero dejar que las cosa sean como tú las creaste y ofrecer a tu hijo el honor que se merece, por su impecabilidad, el amor de un hermano, hacia su hermano y amigo, de ese modo soy redimido y del mismo modo la verdad pasará a ocupar el lugar que antes ocupaban las ilusiones, la luz reemplazará toda oscuridad y tu hijo sabrá que él es tal y como tú lo creaste.

Hoy nos llega una bendición especial de aquel que es nuestro Padre. Dedícale a ÉL éste día y no tendrás miedo de nada hoy, pues el día abra sido consagrado a su amor.

:::::::::::::::::::::

:::::::::::::::::::::::::::

Si estoy aprisionado, mi Padre no es libre...

Si acepto que estoy aprisionado dentro de un cuerpo, en un mundo en el que todo lo aparentemente vive, parece que está muriendo, entonces mi Padre también está aprisionado al igual que yo. Esto es lo que creo cuando afirmo que tengo que obedecer las leyes que el mundo obedece, pues las flaquezas y los pecados que percibo son reales e ineludibles. Si de algún modo estoy aprisionado, esto significa que desconozco a mi Padre y a mi propio ser, también significa que no formo parte de la realidad en lo absoluto, pues la verdad es libre y lo que esta aprisionado no forma parte de la verdad.

Padre lo único que te pido hoy es conocer la verdad, pues he tenido muchos pensamientos descabellados, acerca de mí mismo y de mi creación, como consecuencia de ello he introducido en mi mente un sueño de miedo y hoy no quiero soñar, elijo el camino que conduce a ti en lugar de la locura y el miedo, pues la verdad está a salvo y solo el amor es seguro.

:::

:::

La quietud del cielo envuelve hoy mi corazón...

Padre mío, qué día tan sereno el de hoy, ¡todo va cayendo a su sitio de manera muy armónica! Este es el día señalado para que llegue a entender la lección de que no tengo que hacer nada. En ti ya se han tomado todas las decisiones, también creo que en ti ya se han resulto todos los conflictos, en ti ya se han colmado todas mis esperanzas pues tu paz es la mía y mi corazón late profundamente y tranquilo, mi mente se encuentra en reposo. Tu amor es el cielo y tu amor es mi amor.

La quietud de hoy nos dará la esperanza de que hayamos encontrado el camino y de que ya hemos recorrido un gran trecho por él hacia una meta de la que estamos completamente seguros. Hoy no dudaremos del final que nuestro Padre Dios nos ha prometido.

:::::::::::::::::::::::::::

::::::::::::::::::::

Padre permíteme olvidar hoy el pasado de mi hermano...
Este pensamiento de hoy me conduce hacia ti y me lleva a mis metas, pues no puedo llegar hasta ti sin mi hermano y para conocer mi fuente tengo primero que reconocer lo que tú creaste, uno conmigo. La mano de mi hermano es la que me conduce hacia ti, sus pecados se encuentran en el pasado al igual que los míos, pues nos hemos salvado porque el pasado quedó atrás, Padre no permitas que lo siga abrigando en mi corazón, pues e desviaría del camino que se lleva a ti. Mi hermano es mi salvador, pues no dejes que ataque al salvador que tú me has enviado, por el contrario déjame honrar a quien lleva tú nombre para recordar que es el mío también.

Perdóname hoy y sabrás que has perdonado, si contemplas a tu hermano en la luz de la santidad, pues él es mi hermano y tú hijo, por lo tanto no puede ser ni menos ni más santo que yo.

::::::::::::::::::::::::::::::::::

::

El miedo ya se acabó y lo único que hay aquí es amor...
El miedo ya se acabó porque su fuente ha desaparecido y con ella todos sus pensamientos desaparecieron también, el amor sigue siendo el único estado presente cuya fuente está aquí para siempre, entonces como iba yo a sentir el mundo de forma clara y diáfana, seguro y acogedor cuando todos mis errores pasados lo oprimen y me muestran manifestaciones distorsionadas de miedo, más en el presente el amor es obvio y sus efectos evidentes. El mundo entero

resplandece en el reflejo de su santa luz y por fin percibo un mundo perdonado.

Padre mío, no permitas que tú santo mundo me pase desapercibido hoy, que mis oídos sean sordos para escuchar los himnos de gratitud, esos que el mundo entona bajo los sonidos del miedo. Hay un mundo real que el presente mantiene a salvo de todos los errores del pasado y este es el único mundo que quiero tener ante mis ojos

:::::::::::::::::::::::::

:::::::::::::::::::::::::::::

El Perdón es el único regalo que doy...

El perdón es el único regalo que doy, ya que es el único regalo que deseo, pues todo lo que doy es a mí mismo a quien se lo doy, esta es la sencilla formula de la salvación. Yo que quiero salvarme la adoptaré para regir mi vida por ella en un mundo que tiene necesidad de salvación y que se salvará al aceptar yo la salvación para mí mismo.

Padre Dios, que certeros son tus caminos y que seguro es su desenlace y final, que fiel se ha trazado y logrado cada paso de mí salvación mediante tu gracia, Gracias a ti y por tus eternos regalos y Gracias a ti por mi identidad.

:::::::::::::::::::::::::::::

:::::::::::::::::::::

Dios mismo enjugará todas las lágrimas...

Padre mío, a menos que juzgue no puedo sollozar, tampoco puedo experimentar dolor o sentirme abandonado o creer que no me necesita este mundo, este es mi hogar porque no lo juzgo y por lo tanto, es únicamente lo que tú quieres que sea, hoy quiero contemplar este mundo, pero sin condenarlo, atravesó de los ojos felices del perdón y que se sienta libre de toda distorsión. Hoy quiero ver tu mundo en lugar del mío y me olvidaré de todas las lágrimas que he derramado, pues su fuente ha desaparecido, Padre mío, hoy no juzgaré tú mundo.

El mundo de Dios Padre es un mundo feliz, los que lo contemplan pueden tan solo sumar a él su propia dicha y bendecirlo, por ser causa de una mayor dicha para ellos, llorábamos porque no entendíamos, pero hemos aprendido que el mundo que veíamos era falso y hoy vamos a contemplar el verdadero mundo de Dios Padre.

::::::::::::::::::::::::::::::::::

:::::::::::::::::::::::::::::::::

Este instante es el único tiempo que existe...

El concepto que hemos hecho del tiempo impide el logro de i objetivo, si elijo ir más allá del tiempo hasta la intemporalidad, tengo que cambiar mi percepción acerca del propósito, no puede ser que el paso del tiempo y el futuro sean uno. El único intervalo en el que pueda librarme del tiempo es ahora mismo. Pues en este instante el perdón ha venido a liberare, cristo nace en el ahora sin pasado ni futuro, él ha venido a dar la bendición del presente, restaurándolo a la intemporalidad y al amor, el amor estará siempre presente, aquí y ahora.

Gracias por este instante Padre ahora es cuando soy redimido, este instante es el momento que señalaste para la liberación de tu hijo y para la salvación del mundo en él.

::::::::::::::::::::

::::::::::::::::::::::

Hoy no tendré miedo de mirar dentro de mí...

Dentro de mí se encuentra la eterna inocencia, pues es la voluntad de Dios Padre que está allí para siempre y yo su hijo, cuya voluntad es tan ilimitada como la suya, no puedo disponer de que ello sea diferente, pues negar la voluntad de mi padre es negar la mía, mirar dentro de mí no es encontrar mi voluntad tal y como Dios Padre la creo, tengo miedo de mirar dentro de mí porque creo que forje otra voluntad, porque aunque no creo que es verdad yo hice que fuese real. Mas no tiene efectos, dentro de mí se encuentran la santidad de i Dios Padre y dentro de mí se encuentra el recuerdo de él.

El paso que he de dar hoy, Padre mío, es lo que me liberará por completo a los vanos sueños del pecado, pues tu altar se alza sereno y es el santo altar a mi propio ser, es allí donde se encuentra i verdadera felicidad.

:::::::::::::::::::::::::::::::

:::::::::::::::::::::::::::

Paso este día sin miedo y lleno de amor...

Quiero pasar este día contigo, tal como tú has dispuesto que deban ser todos mis días y lo que he de experimentar no tiene nada que ver con el tiempo, el júbilo que me invade no se puede medir en días u horas. Pues le llega a tu hijo desde el cielo, este día será tu dulce recordatorio para que te recuerde la afable llamada que le haces a tu santo hijo. Una señal de que se me ha concedido tu gracia y de que es tu voluntad que yo me libere hoy.

Este día lo pasaremos juntos tú y yo, todo mundo unirá sus voces a nuestro hiño de alegría y de gratitud hacia aquel que nos brindó la salvación y nos liberó. Nuestra paz y nuestra santidad nos son restituidas a nosotros. Hoy el miedo no tiene cabida en nosotros pues le hemos dado la bienvenida a nuestros corazones.

:::::::::::::::

:::::::::::::::::::::::

Juzgo todas las cosas como quiero que sean...

Los juicios se inventaron para usarse como un ara contra la verdad, separa aquello contra lo que se utilizan y hacen como que si fuese algo aparte y separado. Luego hacen d ellos lo que tú quieres que sea, juzgan lo que no pueden comprender ya que no pueden ver la totalidad y por lo tanto, juzgan falsamente. No nos valgamos de ellos hoy, pues antes bien ofrezcámoslo de regalo a quien pueda utilizarlos de manera diferente. Este nos salvara de la agonía de todos los juicios que hemos emitido contra nosotros mismos y nos restablecerá nuestra paz mental al ofrecernos el juicio de Dios Padre con respecto a su hijo.

Padre mío, estamos esperando hoy con mentes receptivas a oír tu hijo con respecto al hijo que tú amas, pues no lo conocemos por tanto, no lo podemos juzgar, por lo tanto dejamos que tu amor decida qué es lo que no se puede, sino ser aquel a quien tú creaste como tu hijo.

::::::::::::::::::::::::

::::::::::::::::::::::::

Hoy veo todas las cosas como quiero que sean...
La percepción se deriva de los juicios, habiendo juzgado vemos, por lo tanto, lo que queremos contemplar, pues el único propósito de la vista es ofrecernos lo que queremos ver o no ver. Hemos querido contemplar cuan inevitable es, pues se alza el mundo real ante la santa visión de aquel que acepta el propósito del Espíritu Santo como aquello que desea ver, no puede dejar de contemplar lo que cristo quiere que veas, ni de amar con el amor de cristo que lo ama y lo contempla.

El único propósito es hoy contemplar un mundo liberado, libre de todos los juicios que he emitido. Padre Dios esto es lo que tú voluntad dispone para mmi hoy. Por lo tanto, no puedo sino ser mi objetivo también.

::::::::::::::::::::::::::::::::::

::::::::::::::::::::::::::::::::::

Que venga a mí ahora una nueva percepción...
Padre Dios, hay una visión que ve todas las cosas sin mancha alguna de pecado, lo cual indica que el miedo ha desaparecido y que en su lugar se ha invitado al amor, pues éste vendrá donde quiera que se le invite, ésta visión es tú regalo, los ojos de cristo

contemplan un mundo perdonado. Ante su vista todos los pecados del mundo quedan perdonados, pues EL no ve pecado alguno en nada de lo que contempla, permite que su verdadera percepción venga a mí ahora, para poder despertarme del sueño del pecado y ver mi impecabilidad en mi interior, la cual tú has contemplado completamente inmaculada en el altar a tu santo hijo, ese ser con quien quiero yo identificarme.

Contemplémonos hoy los unos a los otros con los ojos de cristo, lo bello que somos, ¡Que santos y amorosos somos hermanos! Ven y únete a mí hoy, salvemos al mundo cuando nos unimos. Pues en nuestra visión el mundo se vuelve tan santo como la luz que mora en nosotros.

:::::::::::::::::::::::::

:::::::::::::::::::::::::::::

Todos los regalos que les hago a mis hermanos me pertenecen también...

Del mismo modo en que cada uno de los regalos que mis hermanos hacen me pertenecen a mí también. Significa que cada regalo que yo hago, me lo estoy regalando a mí mismo, pues cada uno de ellos permite que el error pasado desaparezca sin dejar sombra alguna en la santa mente de mi Padre Amado. Su gracia se me concede con cada regalo que mi hermano haya recibido, desde los orígenes del tiempo y más allá del tiempo también, mis barcas están llenas y los ángeles vigilan sus puertas abiertas para que ni un solo regalo se pierda y solo se pueda sumar más y más. Déjame llegar allí donde se encuentran mis tesoros y entrar donde en verdad soy bienvenido y donde es mi casa, rodeado de los regalos que Dios Padre e ha dado.

Padre mío, hoy quiero aceptar tus regalos, no los reconozco, pero confío en que tú me los distes y me proporcionas los medios para poder contemplarlos, ver su valor y estimarlos como el único deseo.

:::::::::::::::::::::::

:::::::::::::::::::::::::::::

Todas las cosas que quiero ver son el reflejo de mis ideas...
Esa es la clave de la salvación, lo que veo es el reflejo de un proceso mental que comienza con una idea de lo que quiero, a partir de allí la mente forja una Idea de eso que se desea, no juzga lo valioso y por lo tanto procura encontrarlo. Estas imágenes se proyectan luego al exterior, donde se contemplan, se consideran reales y se defienden como algo propio de uno. De los deseo de mente nacen de un mundo de mente, de juicios, un mundo condenado, de pensamientos de perdón, en cambio surge un mundo apacible y misericordioso para con el santo hijo de Dios Padre, cuyo propósito es ofrecerle un dulce hogar, en el que descansar por un tiempo antes de proseguir su jornada y donde él pueda ayudar a sus hermanos a seguir adelante con él y encontrar el camino que conduce al cielo y a Dios Padre.

Padre amado, tus ideas reflejan la verdad, mientras que las mías separadas de las tuyas tan solo dan lugar a sueños, déjame contemplar lo que solo tus ideas reflejan, pues son ellas las únicas que establecen la verdad.

:::::::::::::::::::::::::

:::::::::::::::::::::

He de ser por siempre un efecto de Dios Padre...

Padre Dios, fui creado en tu mente, como un pensamiento santo que nunca abandonó su hogar, he de ser por siempre tu efecto y tú por siempre y para siempre mi causa, sigo siendo tal como tú me creaste, todavía me encuentro allí donde me pusiste y todos sus atributos se encuentran en mí, pues tu voluntad fue tener un hijo tan semejante a su causa, su causa y efectos fuesen indistinguibles, Padre que hoy tome conciencia de que soy un efecto tuyo y por consiguiente poseo el mismo poder de crear que tú, que así como en el cielo sea en la tierra, sigo tu plan aquí y que al final, estoy en plenitud de que se congregarán todos tus efectos en plácido remanso de tu amor. Donde la tierra desaparecerá y todos los pensamientos separados se unirán llenos de gloria como el hijo de Dios.

Veamos hoy la tierra desaparecer, principio transformado y después que haya sido perdonada veámosla desvanecer completamente en la santa voluntad de Dios Padre.

:::::::::::::::::::::::::::::

:::::::::::::::::::::::::::::::::::

Hoy no volveré hacerme daño...

Aceptemos hoy el perdón, es nuestra única función, para qué atacar nuestras mentes y ofrecerles imágenes de dolor, porque enseñarles que son impotentes cuando Dios Padre les ofrece su poder y su amor, también las invita a servirse de lo que ya es suyo, la mente que ha llegado dispuesta a aceptar los regalos de Dios Padre ha sido reinstaurada al espíritu y extiende su libertad y su dicha, tal y como lo extiende la voluntad de Dios Padre. El ser que Dios Padre ha creado no puede pecar, por lo tanto, no puede sufrir, elijamos hoy que ÉL sea nuestra identidad, para poder así escapar para siempre de todas las cosas que el sueño de miedo parece ofrecernos.

Padre Dios, es imposible hacerle daño a tu hijo y sí creemos que sufrimos es solo porque no reconocemos la única identidad que compartimos contigo, hoy queremos retornar a ella, a fin de librarnos para siempre de todos nuestros errores y salvarnos de lo que creíamos ser.

::::::::::::::::::::::::::::::::::

:::

El perdón pone fin al sueño de conflicto...

El conflicto debe ser resuelto, si se quiere escapar de él, no debe evadirse, engorarse, encubrirse, verse en otra parte, llamarse por otro nombre, ocultarse mediante cualquier clase de engaño. El conflicto tiene que verse exactamente como es, allí donde se cree que está, tiene que verse también la realidad que se le ha otorgado y el propósito que le ha asignado la mente. Pues solo entonces se desmantelan sus defensas y la verdad puede arrojar su luz sobre él según desaparece.

Padre Dios, el perdón es la luz que tú elegiste para que se desvaneciese todo conflicto y toda duda, para que se alumbre el camino que nos lleva de regreso a ti.

Ninguna otra luz puede salvar al mundo, pues dicha luz es lo único que jamás ha de fallar, ya que es el regalo que le has hecho a tu hijo bien amado.

:::::::::::::::::::::::::::::::::::::::

:::::::::::::::::::::::::::::::::::::

Hoy reclamo los regalos que el perdón otorga...

No esperemos un día más para encontrar los tesoros que nuestro Padre Dios nos ofrece, todas las ilusiones son vanas, los sueños desaparecen, incluso a medida que se van tejiendo con pensamientos basados en percepciones falsas. No permitas que hoy buen regalos tan míseros. La voz de Dios Padre les ofrece su paz a todos los que escuchan y eligen seguirlo. Eso es lo que yo elijo hoy, así voy en busca de los tesoros que Dios Padre me ha regalado.

Busco solo lo eterno, pues tu hijo no podrá sentirse satisfecho con menos de eso, que otra cosa entonces podría brindarles, sino lo que tu ofreces a su desconcertada mente y su atemorizado corazón a fin de proporcionarle certeza y traerle paz, hoy quiero contemplar a mi hermano sin mancha alguna de pecado en él, eso es lo que tu voluntad dispone que yo haga, pues así es como yo podré contemplar entonces mi propia impecabilidad.

:::::::::::::::::::::::::::

:::::::::::::::::::::::::::::::

Elijo ver la impecabilidad de mi hermano...

Perdonar es una elección, nunca veo a mi hermano tal como es, pues eso está mucho más allá de la percepción, lo que veo en él es simplemente lo que deseo ver, pues eso es lo que quiero que se verdad. A eso es a lo único que respondo, por mucho que parezca que es a los acontecimientos externos. Elijo lo que deseo contemplar, eso y solo eso, es lo que veo. La impecabilidad de mi hermano me muestra que quiero contemplar la mía propia y la veré puesto que decido ver a mi hermano en la santa luz de su inocencia.

De que otro modo podría restituirme tu recuerdo, sino viendo la inocencia de mi hermano, su santidad me recuerda que él fue creado uno con migo y semejante a mí. En mi hermano encuentro mi ser y en tu hijo me encuentro a mí mismo y el recuerdo de ti.

::::::::::::::::::::::::::::::

::::::::::::::::::::::::::::::

El perdón me enseña que todas las mentes están unidas...

El perdón es el medio a través del cual la percepción llega a su fin. El conocimiento es restituido una vez que la percepción ha sido transformada y ha dado paso eternamente a lo que por siempre ha de estar más allá de su más elevado alcance. Pues las imágenes y los sonidos tan solo pueden servir, en el mejor de los casos para evocar el recuerdo que yace tras todos ellos, el Perdón elimina las distorsiones y revela el altar a la verdad en el que se hallaba oculto. Sus blancas azucenas refulgen en la mente y la instan a regresar a mirar a su interior para encontrar lo que en vano ha buscado afuera. Pues allí y solo allí es donde se restaura la paz interior, al ser la morada de Dios mismo.

Que el pendo elimine la quietud, mis sueños de separación y de pecado, para que entonces pueda mirar al Padre Dios en mi corazón, en mi interior y descubrir que tu promesa, de que en mí no hay pecado, es verdad que en tu palabra permanece inalterada en mi mente y que tu amor reside todavía en mi interior, en mi corazón.

::::::::::::::::::::::

:::::::::::::::::

Solo mis propios pensamientos pueden afectarme...

Con este pensamiento basta para dejar que la salvación arribe a todo el mundo. Pues es el pensamiento mediante el cual todo el mundo por fin se libera del miedo. Ahora cada quien ha aprendido que nada puede atemorizarlo y que nada puede amenazar su seguridad, no tiene enemigos y está a salvo de las cosas externas, sus pensamientos pueden asustarlo, pero puesto que son sus propios pensamientos, él tiene el poder de cambiarlos y sustituirlos por un pensamiento feliz de amor. Se crucificó a sí mismo, sin embargo Dios Padre lo planeo y que su hijo bien amado fuese redimido.

Padre mío, solo tú plan es infalible, todos los demás fracasaran y tendré pensamientos que me asustarán hasta que aprenda que tú ya me has dado el único pensamiento que me conduce a la salvación, solo mis propios pensamientos fracasarán y no me llevarán a ninguna parte, más el pensamiento que tú me diste promete conducirme a mi hogar porque en el reside la promesa que tú le hiciste a tu hijo.

:::::::::::::::::::::::::

:::::::::::::::::::::::::

Dejo que el perdón descanse sobre todas las cosas...pues de ese modo se me concederá a mí...

Te doy Gracias Padre por el plan que creaste para salvarme del infierno que yo mismo he fabricado, este infierno no es real, pues tú Padre mío me facilitas los medios para comprobar su irrealidad. Tengo la llave en mis manos y he llegado hasta la puerta en la que terminan y es el fin de los sueños. Me encuentro ante la puerta de los cielos sin saber si debo entrar y estar en casa, no permitas que hoy siga confundido, quiero perdonar todas las cosas y dejar que la creación sea tal y como tú quieres que sea y como es. Quiero recordar hoy que soy tu hijo, que cuando por fin abra las puertas me olviden de las desilusiones ante la destellante luz de la verdad, así como conforme tu recuerdo retorna a mí.

Hermano perdóname, ahora vengo a llevarte a casa conmigo y según vamos avanzando el mundo concuerda y avanza con nosotros en nuestro camino al encuentro con Dios Padre.

::::::::::::::::::::::::::::::::

:::::::::::::::::::::::::::

Hoy aprendo la ley del amor... el regalo que doy a mi hermano me lo hago a mí mismo...

Esa es tu ley Padre mío, no la mía, al no comprender lo que significa dar, procuré quedarme con lo que no era mío o con lo que deseaba solo para mí. Pues al contemplar el tesoro que creía tener, encontré un lugar vacío en el que nunca hubo nada, el no hay ahora y en el que no habrá jamás, quien puede compartirme un sueño y quién puede ofrecerme una ilusión. Pero aquel a quien yo perdone me agasajará con regalos muchos más valiosos que cualquier cosa que haya en la tierra. Permíteme Padre mío que mis hermanos redimidos llenen mis arcas con los tesoros del cielo que son los únicos reales, de esta manera se cumple la ley del amor y así es como tu hijo se leva y regresa a ti.

Que cerca nos encontramos unos de otros en nuestro camino hacia Dios y que cerca está ÉL de nosotros, que cerca está el final de los sueños, del pecado y de la redención del hijo de Dios Padre.

::::::::::::::::::::

::::::::::::::::::::::

Hoy me envuelve la paz de Dios Padre y me olvido de todo... menos de su amor...

Padre mío, al despertar hoy, los milagros corrigen mi percepción de todas las cosas y así comienza mi día que voy a compartir contigo, así tal cual compartiré contigo la eternidad. Pues el tiempo se ha hecho a un lado hoy y no voy a estar en cosas temporales, por lo tanto, ni siquiera me detendré a observarlas. Lo que hoy busco trasciende todas las leyes del tiempo, así como las cosas que se perciben en él. Quiero olvidarme de todo, excepto de tu amor. Quiero estar en ti y no saber nada de ninguna otra ley y del amor quiero encontrar la paz que tú creaste para mí. Quiero olvidarme de todo, al mismo tiempo que contemplo tu gloria y la mía de todos los absurdos juguetes y fantasías que le fabrique.

Al llegar la noche recordaremos únicamente la paz de Dios Padre, pues hoy veremos qué clase de Paz es la nuestra cuando nos olvidamos de todo a excepción del amor de Dios Padre.

::::::::::::::::::::::

::::::::::::::::::::

Los milagros son un reflejo del eterno amor del Padre...

Ante esta afirmación, ofrecerlos, es recordarlo a EL y mediante su recuerdo salvar el mundo... Lo que perdonamos se vuelve parte de nosotros, tal como tu creaste a tu hijo, él encierra dentro de sí todas las cosas y el que yo te pueda recordar depende de lo que perdone a mi hermano, todo lo que él es no se ve afectado por tus pensamientos, pero lo que contempla es el resultado directo de tus pensamientos. Así pues padre mío quiero ampararme en ti, solo tú recuerdo me llevará y solo perdonando puede aprender, dejando que tú recuerdo vuelva a mí para ofrecerlo al mundo con agradecimiento.

A medida que hagamos acopio de sus milagros estaremos en verdad agradecidos, pues conforme lo recordemos, su hijo nos será restituido en la realidad del amor.

::::::::::::::::::::::::::::

PORTADA FINAL

Mariela del Carmen Guillen, nacida en Maracaibo Venezuela, graduada como Bachiller Asistencial en Trabajo Social, Diseñadora Gráfica y Licenciada en Comunicación Social, colaboradora de algunos diarios de la región y autora de los libros "El Milagro Depende de Ti.... Momentos, Próxima Publicación del libro La Palabra Hablada, Conferencista Internacional y Motivadora. Desde muy niña sus inquietudes se orientaron al conocimiento del Ser Humano, dedicando sus horas libres y noches enteras a la investigación y lecturas de libros para nutrirse con todas las fuentes del conocimiento que están a su alcance, para profundizar e ir más allá.

En cada una de estas páginas se refleja un verdadero sufrimiento, una verdad, una vivencia, Con la lectura de esta obra se internalizará una verdad con amor, plena en cada frase empleada y/o simplemente como una gran reflexión. Con el conocimiento de estos criterios se alcanza el gozo y se disfruta de una felicidad interna, con ésta verdad, se encuentra el origen de los éxitos y los fracaso. En este corto diálogo entre el lector y su personaje, se fundamenta un clima de confianza y afecto a través de un lenguaje claro y muy sencillo, que ventila los momentos de angustia y felicidad vividos por la autora, todos con el firme propósito de llegar a una reflexión profunda ante las consecuencias de todos y cada uno de nuestros actos, sobre todo, saber cuál es el sentido de la existencia bajo el ejemplo y testimonio de vida relatado.

Es de nosotros mismos que depende el sufrimiento y los conflictos, tanto internos como externos, que nos esclavizan. Una vez más te recuerdo que las dificultades limitan, pero no determinan la causa.

... Mira el horizonte y hallarás un nuevo objetivo...

About the Author

Mariela del Carmen Guillen, nacida en Maracaibo Venezuela, graduada como Bachiller Asistencial en Trabajo Social, Diseñadora Gráfica y Licenciada en Comunicación Social, colaboradora de algunos diarios de la región y autora de los libros "El Milagro Depende de Ti.... Momentos, Próxima Publicación del libro La Palabra Hablada, Conferencista Internacional y Motivadora. Desde muy niña sus inquietudes se orientaron al conocimiento del Ser Humano, dedicando sus horas libres y noches enteras a la investigación y lecturas de libros para nutrirse con todas las fuentes del conocimiento que están a su alcance, para profundizar e ir más allá.. En este corto diálogo entre el lector y su personaje, se fundamenta un clima de confianza y afecto a través de un lenguaje claro y muy sencillo, que ventila los momentos de angustia y felicidad vividos por la autora, todos con el firme propósito de llegar a una reflexión profunda ante las consecuencias de todos y cada uno de nuestros actos, sobre todo, saber cuál es el sentido de la existencia bajo el ejemplo y testimonio de vida relatado.

Es de nosotros mismos que depende el sufrimiento y los conflictos, tanto internos como externos, que nos esclavizan. Una vez más te recuerdo que las dificultades limitan, pero no determinan la causa.

... Mira el horizonte y hallarás un nuevo objetivo...